围棋实战技法丛书

围棋现代布局谋略

马自正　编著

时代出版传媒股份有限公司
安徽科学技术出版社

图书在版编目(CIP)数据

围棋现代布局谋略 / 马自正编著.--合肥:安徽科学
技术出版社,2017.7
(围棋实战技法丛书)
ISBN 978-7-5337-7229-1

Ⅰ.①围… Ⅱ.①马… Ⅲ.①围棋-布局(棋类运
动) Ⅳ.①G891.3

中国版本图书馆 CIP 数据核字(2017)第 115527 号

围棋现代布局谋略　　　　　　　　　　　　　　　　马自正　编著

出 版 人:丁凌云　　　　选题策划:刘三珊　　　　责任编辑:田　斌
责任印制:廖小青　　　　封面设计:吕宜昌
出版发行:时代出版传媒股份有限公司　http://www.press-mart.com
　　　　　安徽科学技术出版社　　　　　http://www.ahstp.net
　　　(合肥市政务文化新区翡翠路 1118 号出版传媒广场,邮编:230071)
　　电话:(0551)63533330
印　　制:北京富达印务有限公司　　　电话:(010)89580578
(如发现印装质量问题,影响阅读,请与印刷厂商联系调换)

开本:710×1010　1/16　　　印张:15.25　　　字数:274 千
版次:2017 年 7 月第 1 版　　2017 年 7 月第 1 次印刷

ISBN 978-7-5337-7229-1　　　　　　　　　　　定价:30.50 元

前　言

　　一盘棋分为布局、中盘、收官三个阶段。布局是一盘棋的基础和骨架。

　　宋代国手刘仲甫认为："棋之先务如兵之阵而后敌也。"布局的好坏往往可以决定一盘棋的胜负。如布局阶段吃了亏，大势落后，要在以后的中盘和收官中挽回劣势是很艰难的一个过程。

　　布局具体来说就是在一局棋刚开始时双方尽最大力量占据盘面上价值上相对有利的位置，以取得最大利益。双方对盘面进行割据，直到形成各自基本骨架。

　　布局的进程大致为占空角、守角、挂角，在角上进行定式，随后是占边上大场，再向中间发展，达到占据最有利位置。

　　在布局阶段要注意定式的选择，清楚掌握定式的先后手、行棋方向、实利和外势的区别，以及一些激战定式的次序。

　　布局要有全局观念，不可为一子或数子的得失而纠缠于局部。所谓"宁失数子，匆失一先"在布局阶段尤为重要。

　　要注意全局的协调，要贯彻原定方针，前后连贯，不可相互矛盾。如决定以取实利为主导，就不能一会取利、一会取补势，那将成为一盘混乱的布局，结果导致全盘皆输。

　　掌握进入中盘的时机也很重要。布局结束后要有计划地选择好分投、浅削、打入或者扩张自己，或者加固自己模样等下法。

　　在布局阶段也有可能形成战斗，那就会很早进入了中盘，初学者一定要有所准备。

　　本书介绍了布局基本原理，并对各类典型布局的实战经过，做了较详尽的解析，是一本初学围棋者提高棋力的必读参考书。

　　在此衷心祝初学围棋者在读过本书后，棋力有所提高。

编　者

目　录

第一部分　布局原理 ………………………………………… 1

第一节　金角银边草肚皮 …………………………………… 1
第二节　角上落点的区别 …………………………………… 2
　　1. 星 ……………………………………………………… 2
　　2. 小目 …………………………………………………… 4
　　3. 三三 …………………………………………………… 5
　　4. 目外 …………………………………………………… 5
　　5. 高目 …………………………………………………… 6
第三节　占据三线四线要点 ………………………………… 6
第四节　疏密适当 …………………………………………… 7
第五节　高低配合 …………………………………………… 10
第六节　立体结构 …………………………………………… 13
第七节　两翼展(张)开 ……………………………………… 18
第八节　掌握行棋方向 ……………………………………… 23
第九节　理顺行棋次序 ……………………………………… 32
第十节　急场和大场 ………………………………………… 39
第十一节　定式的选择 ……………………………………… 55
第十二节　初学者的几点失误 ……………………………… 75
　　1. 护角病 ………………………………………………… 75
　　2. 拆二病 ………………………………………………… 78
　　3. 恨空病 ………………………………………………… 79
　　4. 好战病 ………………………………………………… 81
　　5. 脱离主要战场病 ……………………………………… 82

第二部分　布局流派 ………………………………………… 85

第一节　秀策流 ……………………………………………… 85
第二节　平行布局 …………………………………………… 89
第三节　对角布局 …………………………………………… 100

第四节　二连星 ……………………………………… 112

第五节　三连星 ……………………………………… 127

第六节　中国流 ……………………………………… 148

第七节　迷你中国流 ………………………………… 175

第八节　小林流 ……………………………………… 210

第一部分　布 局 原 理

第一节　金角银边草肚皮

盘面上角部是同样占地用子最少,子力效率最高的位置。四边则次之,中腹最小。

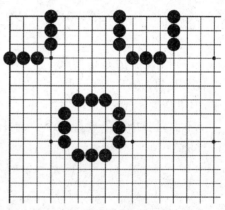

图 1-1,同样各自围到九目棋,角部只用了六子,而边上则要九子,中间却要花十二子。

再如 图 1-2,同样是两只眼活棋,角上只用了六子,边上却花了八子,而中间要费十子才行。由此可见角部在占实利的效率上几乎是中间的两倍。

这就是棋谚"金角银边草肚皮"的道理。要完全掌握这句话可不是一件简单的事,要通过不断地实战才能真正掌握和使用。

所以在布局时的要求是:先下在角部,逐渐延伸到边,最后才向中间发展。

但角部也有其缺陷,就是向外拓展受到一定限制。

图 1-3,其中箭头表示发展方向,角上一子只有两个发展方向,而边上一子则有三个方向,中间一子就有四个方向向外面拓展开去。所以布局时在先占角的同时要注意到有向外发展的余地,如被对方封在内,那也是布局的失败。

图 1-1

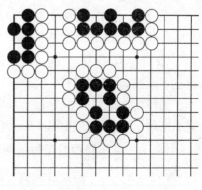

图 1-2

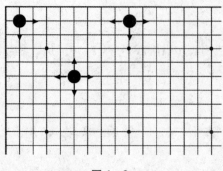

图 1-3

第二节 角上落点的区别

占领角部一般是指如  1－4 所示的 A(星)、B(小目)、C(三三)、D(目外)、E(高目)等几个落子点,另外 F(五五)位也可落子,但不常见。

下面对各个落子点做一个介绍并对落子得失加以分析。

图 1-4

1. 星

星是 🈳 1－4 中的 A 位,它处于由边向内的横竖均在四线的交叉点上,这是最近颇受欢迎的一个着点方法。

星位能一手占住角部,尽快地抢占其他大场,布局速度快。由于接近中腹,所以有利于夺取外势,争取主动。

🈳 1－5,这是"二连星"布局,黑❶❸占有右边上下两个星位后黑❺立即到左下角挂,这就是速度。

但星位的缺点是因为占了外势和速度,守角方面必然要薄弱一些,一般还要加上两手才能守住角部。

🈳 1－6 黑▲占有星位的两手大飞守角,但白①点三三后至黑⓮,白仍可先手活角。

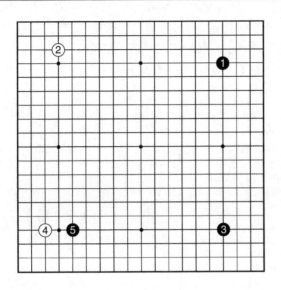

图 1-5

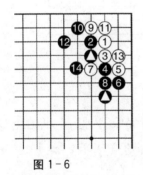

图 1-6

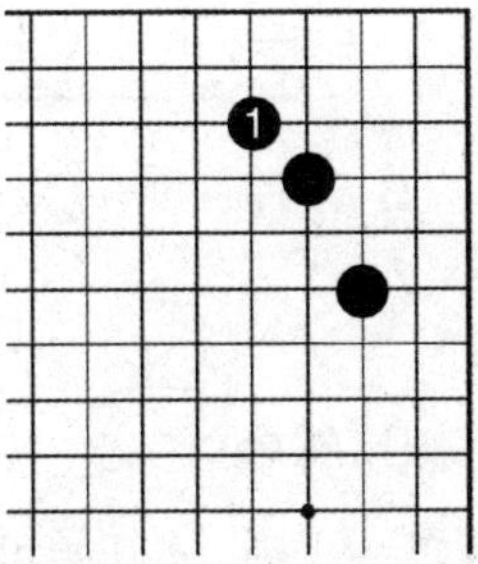

图 1-7

所以,星位如是**图** 1-7 的小飞守角,就还要在 1 位小尖补一手才安全。

图 1-8 则是从星位向外大飞守角,黑也要在 1 位立下,名为"玉柱"。在外界白棋比较薄、对黑角威胁不大时也可 A 位补。这样才能占有一个完整的角。

一定要懂得围棋最终的目的是要取得实利,所以要处理好外势和实利的关系。

因为星位是处于向两边发展的距离方向相等的位置,所以向两边侧延展的价值也应相等。但这要看对方子力的配置才能做出正确的选择。

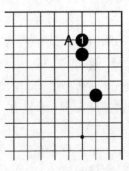

图 1-8

3

图 1-9,由于左上角和右下角的白棋守角的方向不同,所以右上角黑棋的发展方向就要有所选择了,黑❶是首选,而下在黑❷处虽对黑角来说是相同的,但对白角的影响就不同了,所以下在黑❷是方向失误。

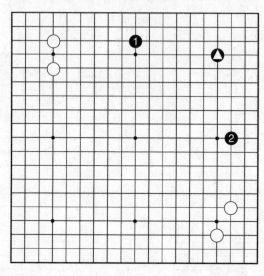

图 1-9

2. 小目

自日本本因坊算砂(1558～1633)首创对局取消"座子",即在对局前先在角上星位黑白各置一子后,才开始可以自由选择落点,小目(图 1-4 中 B 位)开始盛行,至今仍为大多棋手所喜爱。

因为小目在三线和四线的交叉点上,所以便于保住角上实空,并有取外势的倾向,同时消除了被对方点三三的可能。

图 1-10,小目加上一手即可守住角部,黑❶小飞守角是最坚实的下法,被称为"无忧角"。也有根据外部配置,黑棋在 A 位单关或 B 位大飞守角的下法。

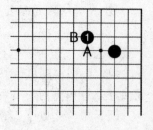

图 1-10

小目只有在守两手时才能发挥最大效率,这也正是小目的缺陷。

小目一般来说是应先守角再拆边,而对方如能先手挂也是大场。总的来说守角和挂角应优先于拆边。

小目守角的方向是小目对面的目外位置，即图1－11中的❹位，而不是向边上飞出的A位。形成无忧角后向边上发展的方向是面对小目的B位，而不是目外的一方C位。当然如两边都能占到，从而形成最理想的"两翼展开"就更好了。

3. 三三

三三是图1－4中C位，和星位一样是一手即可占住角部，所以可以加快布局速度。

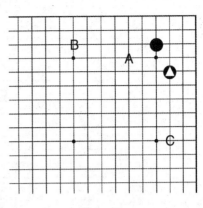

图1－11

三三处于横竖都是三线的交叉点上，位置较低，虽然对方无法取得角部，但在取外势上却很不利。容易受到对方的压迫，对于全局的发展有一定影响。

三三的发展方向和星位一样，两边距离相等，要根据双方子力配置，尽量选择在能和三三配合成势的一面落子。如要在三三向外再补一手则应是四线，如图1－12所示中的A位或B位。图1－13中1位拆二和原在A位小目再1位大飞比较起来，明显黑❶要差一些。稍亏！

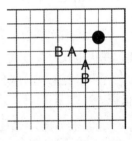

图1－12

4. 目外

目外是图1－4中D位，是一种趣向，变化比较复杂，当对方在小目挂时，容易被对方大飞压过来，形成所谓"大斜千变"的复杂定式。

目外由于处于四线和五线的交叉点上，位置相对较高，所以它不宜以取角上实利为主，而是应偏于边上的下法。

目外如要再守角则在小目飞一手，还原成了小目的"无忧角"。

目外的发展方向应是图1－14中的A位，而不是B位，因为当对方C位挂时可以在D位飞压形成外势呼应A位。所以当A位一带有对方子力时，不

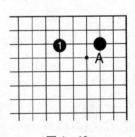

图1－13

宜选择目外的下法。

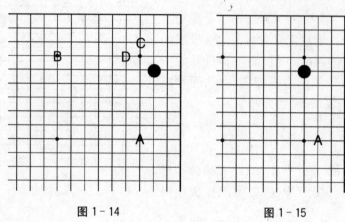

图1-14　　　　　　　　　图1-15

5. 高目

高目是 图 1-4 中E位,处于四线和五线的交叉点上,角部比星位还要空虚,变化也比目外少得多,所以在对局中比较少见。

高目显然是以取外势为主的下法,一般多为配合外面已有自己势力时采用。

高目的方向以如 图 1-15A位为主,而不是上面。

第三节　占据三线四线要点

图 1-16的黑❶处于边上靠近盘端的第二线上,既取不到相当实利,也不能对中央发展起到相当的作用,而且容易被对方压迫在低位,其发展性几乎等于零,所以被称为"死亡线"。

黑❷在第三线上,对方无法在A、B两处侵入,黑❷可以一手获得两目价值的地域,也就是建立了自己的根据地,是围地较为可靠的一线,相对来说向外发展取势要差一点,所以被称为"地域线"。

黑❸在第四线上,对方有到1位掏去黑空的手段,安定性较差一些,但向中央发展的潜力相对大一些,主要的目的是发展势力,所

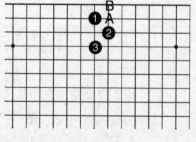

图1-16

以被称为"势力线"。

由于三线和四线的目的和特点不同,在布局时就要合理安排三线和四线的配合,要求高低配合得当,才能得到外势和实空。

第四节 疏密得当

这四个字主要是对边上开拆的要求而言的。

拆边的基本原则是"一子拆二""立二拆三""立三拆四",也就是说势力越大,拆边也相应越宽。

⊙ 1－17,白①尖,黑❷拆二正确。如在 A 位拆三,则白马上 B 位打入;如在 B 位拆一,则效率不高,明显吃亏了!

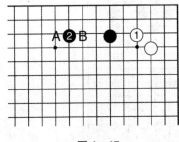
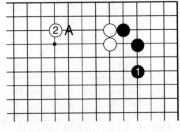

图 1－17   图 1－18

⊙ 1－18,黑❶跳后,白因右边有两子应该拆三,如在 A 位拆二则亏!

⊙ 1－19,由于黑棋在左边有▲一子黑棋,所以黑❶尖顶,白②向上挺起,黑❸跳,白④为了生根不得不拆二,这样白棋稍亏,黑棋稍占了一点便宜。

⊙ 1－20,右边黑棋势力很厚,而左边白棋大飞守角相对薄弱,此时黑就不能拘泥于"立几拆几"的条条框框了,所以黑❶拆边逼白角,白②飞补,黑❸正好在

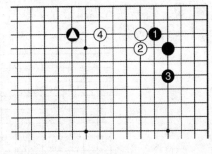

图 1－19

四线和右边配合围成大空。黑❶如在 A 位一带拆,白即于 1 位拆,虽窄了一点,但正好补强了角上的弱点。

黑❶拆时白②如打入,则如 ⊙ 1－21 所示,黑❸跳起后白⑥不得不跳出,黑❼❾后对白棋进行攻击,黑❼也可在 8 位蚕食白角,结果白棋不利。

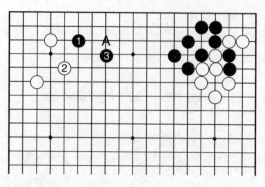

图 1－20

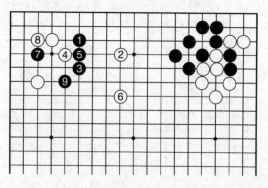

图 1－21

再举一例来说明疏密得当的运用。

图 1－22，右边虽有三子黑棋，但是由于有白◎一子，黑❶拆三是本手，以后白 A 位飞起黑可脱先他投。

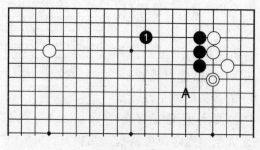

图 1－22

图 1－23，黑❶按"立三拆四"的方法拆，白②飞起后就有了 A 位一带的打入，严厉！黑如再补一手就重复了，而白得到先手扩张右边，黑棋为难。但如

果白棋◎一子在 B 位,则黑棋就应在 C 位拆了。

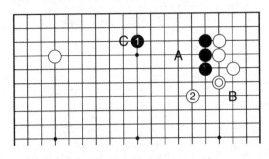

图 1-23

再看图 1-2 中黑棋右边虽有一道厚势,但也不能拆得太远,以黑❶拆五为最大限度。如到 A 位对白三三一子大飞挂,希望白 B 位应后再 C 位拆二成为理想配置,那是一厢情愿,白棋不会按黑棋意图行事的。白棋会马上在 C 位一带投入进行反击,这样右边黑势反而不能变成实利了。

图 1-25,黑❶拆六似乎可行,但仍嫌过宽,白②还可打入,黑❸跳起,白④拆二,在黑空中活出一块棋来,黑棋厚势已化为乌有。黑❸如改为 A 位逼则嫌太窄而过于重复,所以应以图 1-24 中拆五为本手。

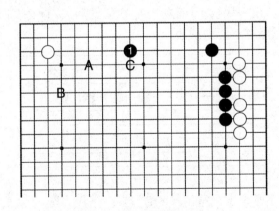

图 1-24

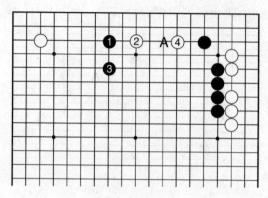

图 1－25

第五节　高低配合

这里是指第三线和第四线的协调配合。

由于三线的子相对稳定,易于建立根据地,而四线的子在取势方面效率较高,可以使自己的阵营更加饱满和完整,所以在布局时要注意两线的协调。

图 1－26,右边四子黑棋全在四线上,对外势发展很有价值,但白可在 A 位点三三从角上活出一块棋来,而左边有 B 位的漏风,有必要时白可凭借◎一子飞入黑边,所以黑棋不能满意。

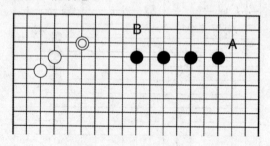

图 1－26

图 1－27,右边黑子全在三线,实空很保险。但处于低位,向外发展受到影响,也只有 2×9＝18 目实地而已。

图 1－28,黑棋子力在三线和四线配合,得利是:3×9＝27 目,而且外势也有向外扩张的前景。这就是三线四线相结合的优势。

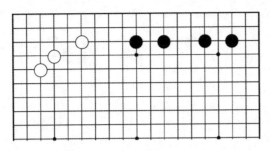

图 1－27

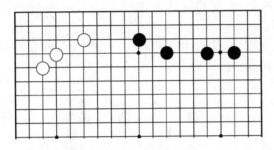

图 1－28

🔲 1－29 是一个典型的小目高挂定式,黑❶是立二拆三,白如 A 位打入,则黑 B 位尖封或 C 位压靠都可控制白棋。

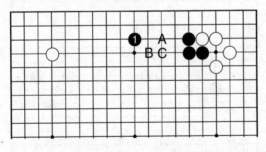

图 1－29

🔲 1－30,黑❶先在右上角挂,等白②关应后再拆;黑❸即要在四线拆,这就是高低配合了,如按上图仍在 A 位拆,就处于低位稍亏的形势。

再如 🔲 1－31,右边在小目一间低挂完成后,黑❶到左边挂,白②飞至黑❺是定式一型,按定式黑❺在三线 A 位拆二,但为了和右边势力配合,改为在四线小飞才是正确结构。

🔲 1－32－1,白右边◎一子当然要安定下来,如被黑在白①一带逼将很

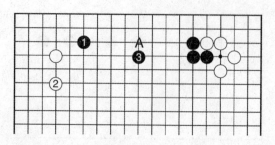

图 1-30

被动。白①在四线拆二,黑❷立即大飞过来,白二子将成为浮棋,受到黑棋的攻击。

白①如在 A 位拆三,黑即于 B 位打入,白苦;又如改在 C 位逼黑角,黑一定会在 1 位反夹将白棋分在两处。

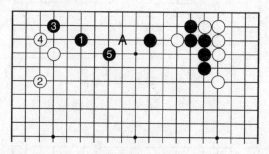

图 1-31

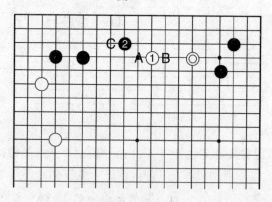

图 1-32-1

所以白①在三线斜拆三才是正确的选择,如图 1-32-2 所示,黑如 A 位打入,白可在 B 位加强自己后再攻击 A 位打入的黑子。而且以后白还有 C 位飞入黑棋角部的手段。

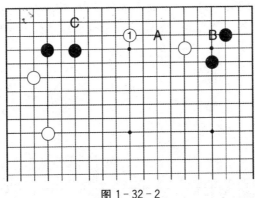

图 1-32-2

第六节 立体结构

布局时要使自己的配置形状易于得到实空,并发挥最高效率,就要求成为最佳棋形。一般棋形以角部为中心,向两边展开去,就是所谓"两翼展开",使自以成为立体结构的棋形。如 图 1-33 所示,右边无忧角如能和 A 和黑❶组成结构即为"两翼展开",如黑❶和 B 位能组成结构可以说是理想的立体结构,又被称为"箱形",这也就是所谓的"模样"。

"模样"一词原为日本的围棋术语,是指尚未完全成为确定地域的一种势力,但它是以后转化为实利的关键。所以要扩大己方模样和限制对方的模样在布局中是关键的手段,而模样的形成则是以立体结构为主要形态的。

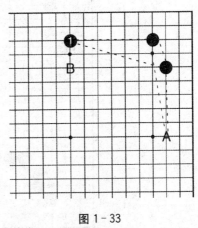

图 1-33

图 1-33 中黑❶向左边拆,正确!和无忧角形成了一个立体结构,如在 A 位拆和无忧角形成的面积则是扁平的。通过两个虚线连成的三角形,可以清楚地看到上面的三角形的面积大于右边三角形的面积。

图 1-34,白①依赖下面的厚势最大限度地开拆,而且对左上黑角有侵入的意图,黑棋如何对应才能形成立体结构呢?

图 1-35,黑棋为了不让白在 A 位点或 B 位飞入,在 1 位飞下,至白④,

13

黑确保了角上实地,但这是缺乏全局观的下法,即使黑棋能抢到 C 位并对白一子进行夹击,但由于有了白④的"枪头",也很难形成立体大模样。

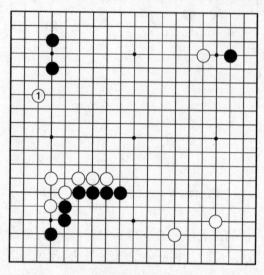

图 1－34

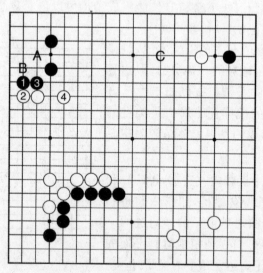

图 1－35

黑棋应放弃角上的小利益,而如 图 1－36 所示在 1 位飞起,这是关键的一手棋,白②不能不应,否则下面厚势化为乌有。黑❸马上到上面夹击◎一子。

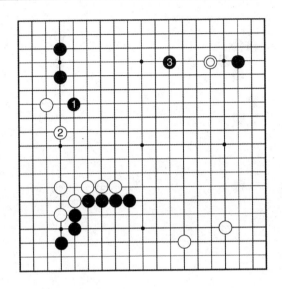

图 1-36

上面即有可能形成立体模样。

黑❶如直接在 3 位夹,白即 1 位跳起在左边形成了立体结构,同时限制了黑棋模样。

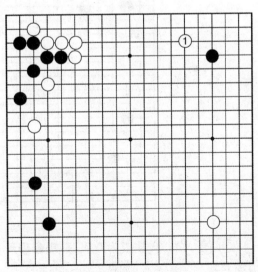

图 1-37

🖼 1-37,白①挂角,黑棋要有全局观念,对双方成模样的要点要有所了解,而不要怕白棋两边挂。

🖼 1-38,黑❶拘泥于定式,虽不算什么错招,但却是一手缺乏大局观的棋。白②先到左边跳起,和黑❸做了交换后再回到右边 4 位跳,在上面形成"箱形"。黑❺守角,白⑥逼,白棋立即取得优势。

黑❶应按 🖼 1-39 在左边扳出,既阻止了白棋形成大模样,同时又扩张了自己,并控制

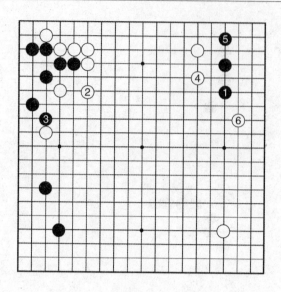

图 1-38

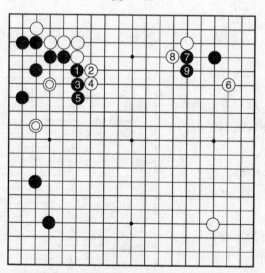

图 1-39

了白◎两子,白⑥再挂成为双飞燕,黑❼❾压长后,白棋上面模样比 🄰 1-38 小多了。

　　🄰 1-40,右边黑棋和左边白棋均有形成大模样的可能。黑棋先手,如何发挥优势是下一手要思考的问题。

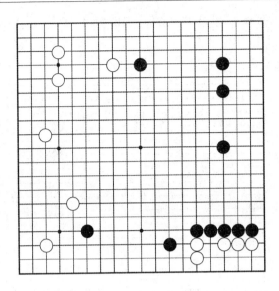

图 1 - 40

　　 1－41，黑棋按"先角后边再中间"的原则到右上角 1 位小尖守角，但此时取角部不再是要点了，被白②在左下部跳起后左边形成立体结构，同时瞄着 A 位扳出，黑棋全局稍有落后之感。

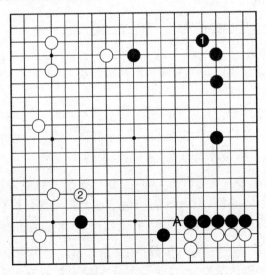

图 1 - 41

　　 1－42，黑❶在左边跳起，这是此消彼长的要点，是各自成为立体结构

17

的必争点,这不仅使黑棋成为立体结构,而且缓和了白 A 位扳出的威胁,同时还有 B 位打入的手段。

全局黑棋先手效率仍在。

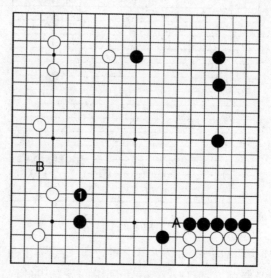

图 1-42

第七节　两翼展(张)开

两翼展(张)开是指以角部为中心向两边开拆,其在布局阶段和立体结构中是一对"孪生兄弟"。

在布局阶段要尽量把自己的模样下成立体结构和两翼展开,同时也要注意限制对方成为理想结构,这和发展自己同等重要。值得注意的是不可偏执,若只顾发展自己,或只管破坏对方都会得不偿失的。

图 1-43,黑❶在右边开拆,方向正确!如在 A 位拆即被白抢到 1 位,所以黑❶是盘面上双方必争之点,既能和自己右上角无忧角配合成为立体结构,又限制了白棋的发展。如能进一步在 B 位跳起,即可成为箱形。

接下来如 图 1-44 所示,黑❶拆后,白②到左边拆是既防止黑棋再于此点开拆形成另一个立体结构,也防止黑在 A 位拆逼左上角白棋。于是黑❸就抢到了两翼张开要点。当然拆到 B、C、D 等处也是可以的。结果黑棋满意。

图 1-45,黑❶拆二是盘面上最后大场,白②大飞是为配合白◎一子,如

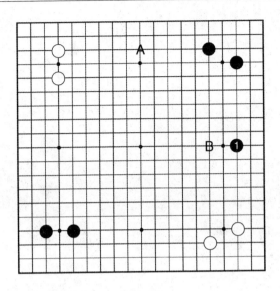

图 1－43

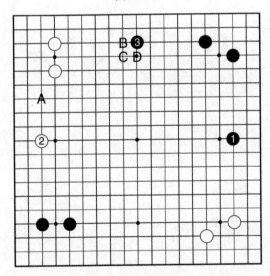

图 1－44

在 A 位或 B 位就嫌离◎一子远了一些。黑❸向角里飞入,是过分之棋,是怕白棋在 C 位尖守角,而且希望白棋在 D 位应一手后再到上面下子。白棋当然不会按黑棋意图行棋。

白①如按 图 1－46 中 1 位尖应,虽是局部大场,但也正是黑棋所希望的,黑❷马上抢到上面两翼展开,白③拆,黑❹进一步拆二,布局速度快,白棋落后。

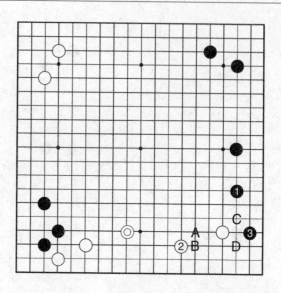

图 1-45

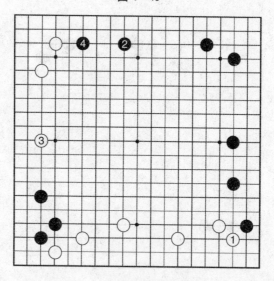

图 1-46

白①应按 图 1-47 所示,暂时不要在 A 位尖,而到上面拆,以防止黑棋两翼张开,黑❷如在上面拆应,白③即可抢到两翼展开。和上图相比双方增减一目了然。

再看 图 1-48,黑❶挂,白②拆一,黑❸拆边,应是双方正常对应,但下一

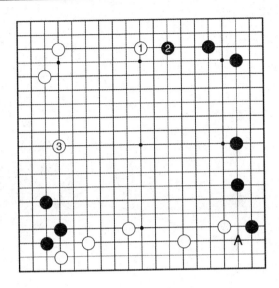

图 1- 47

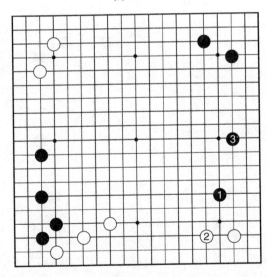

图 1- 48

手白棋要在上面和下面大场中选择一个,哪一个才是正确的呢?

图 1- 49,白①在下面拆,不可否认是一个大场,但被黑❷到上面开拆形成了两翼展开,白③拆后黑❹又抢到左边的拆二,全局黑棋步调明显快一些,白棋稍有落后之感。

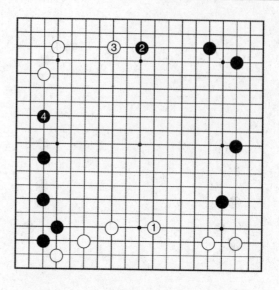

图 1-49

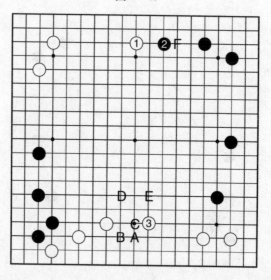

图 1-50

所以白棋应按图 1-50 先到上面 1 位拆,一边形成自己的模样,一边阻止黑棋两翼张开,等黑❷拆后再回到下面 3 位拆。

白①拆时黑❷如到下面 A 位打入,白即在 B 位顶,白 C 位压,黑 D 位飞攻,等黑 E 位飞出时,白即可占上面 F 位大场,仍是白好的局面。

第八节 掌握行棋方向

行棋方向是围棋重要战术之一,在布局时如行棋方向失误,将会造成全局落后局面。

🔳 1-51,黑❶在小目,白棋挂角的方向应是 A、B、C 等处,以后向左边展开。如在 D 或 F 位落子,黑即在 A 位等处守角,白棋大亏。

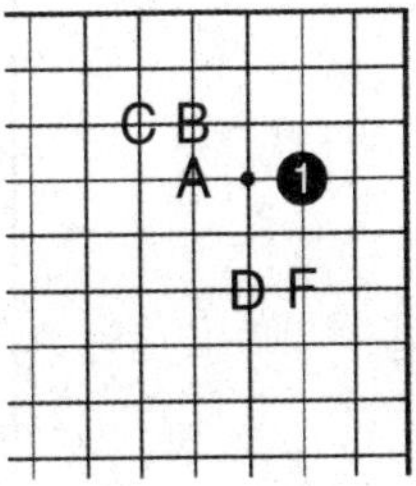

🔳 1-52 是所谓"中国流"布局,白棋一般因为黑有❤一子而不在 2 位挂,否则正好处于夹击位置,因此白①挂才是正确方向。

至于对星位的挂,一般来说两边均是行棋方向,但因

图 1-51

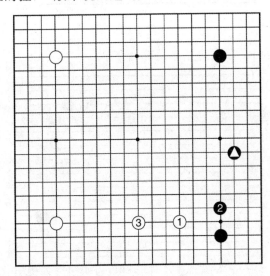

图 1-52

外部配置不同,仍有所选择。

🔳 1-53,白①对黑星位挂,由于黑有❤一子,所以方向失误。黑❷尖顶,白③挺起,黑❹跳或 A 位小飞,白⑤只能委屈地"立二拆二"了,而且在黑❤一子威胁下尚未安定。

而黑❷如按定式在 A 位飞,白即 B、黑 C,白⑤拆二,黑未得到任何便宜,那也是行棋方向失误,不算成功。

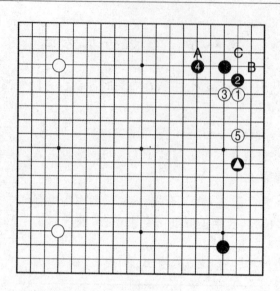

图 1 - 53

图 1 - 54, 白①在左边挂才是正确方向。

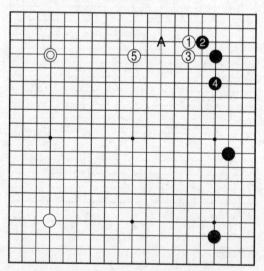

图 1 - 54

黑❷如仍如前图尖顶也是方向有误, 经过交换白⑤正好拆三和左边◎一子配合形成立体结构。

白①挂时黑❷应 4 位跳, 白如仍在 5 位大飞, 黑棋尚有 A 位打入的手段。

而图中白⑤后明显白稍占便宜。

所以棋谚有"棋从宽处挂",也就是"哪边宽哪边挂"的说法。

在角上对付对方双飞燕挂角时有棋谚"压强不压弱",这是攻击方向。

🏴 1-55,右下角是白棋对黑角双飞燕,由于黑有▲一子对白◎一子进行夹击,所以相对来说比白△一子弱一些。黑❶压方向正确,经过白②黑❸的交换后黑棋得到增强,白◎一子会受到强烈攻击。有时白②后还会形成左边重复。

🏴 1-56,黑❶压白棋较弱的一边是方向错误,白②扳起后至白⑩接是双飞燕定式的一型,结果白棋已经得到安定,黑▲一子由于靠近白势,不仅没有任何攻击作用,还嫌上边薄了一些。对下边白◎一子影响不大,而且有A位断头,白棋将有种种利用。黑棋眼位不足,可能受到白棋攻击。

这是一般情况下的下法,在个别特殊情况下,为了配合周围配置也有压弱的可能。

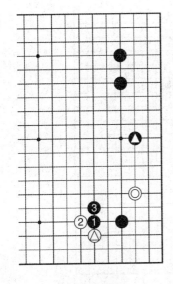

图 1-55

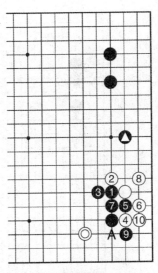

图 1-56

🏴 1-57,布局刚刚开始,白①③连压两手,黑棋角上实利不小,白棋获得一定外势,白棋如何利用外势才能取得全局的平衡呢?

🏴 1-58,白①固守先占角、后下边的道理,不懂得变化,径直到右下角挂,是方向错误,被黑❷抢先到上面占到要点,白棋左上角三子外势化为乌有,白棋布局一开始即很失败。

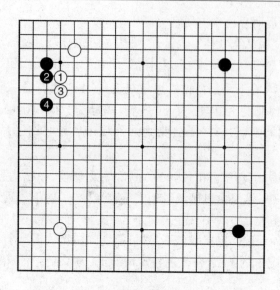

图 1-57

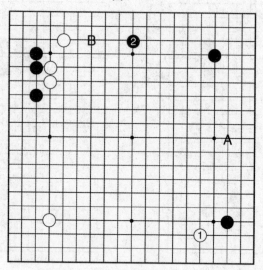

图 1-58

白①如改为 A 位分投,黑仍会抢占 2 位。以后黑再于 B 位拆二,白三子将成为浮棋,更不利。

由上所述,白①应如 图 1-59 所示,在 1 位拆才是正确方向,一般黑❷到右下守角是正常下法。白③⑤再到左边连压两手以增强外势,使黑棋不能过深打入,这样外势也就转化成实利了。

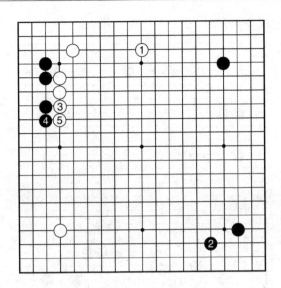

图 1-59

图 1-60,黑❶在左下角挂,白②跳,至黑❺拆是正常应对,白取得了先手后应从何处落手才是正确方向?

图 1-60,黑❶在左下角挂,白②跳,至黑❺拆是正常应对,白取得了先手后应从何处落手才是正确方向?

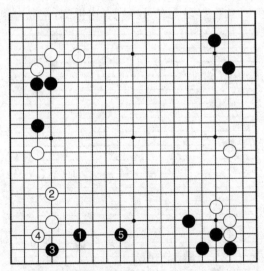

图 1-60

图 1-61,白①到右下角飞起是重视右边的下法,但方向有误,黑❷可脱先到上面逼,白③是不得已的一手,黑❹拆,白⑤是防黑棋在 A 位一带两翼展

27

开。黑❻靠出，至黑❿退，黑棋在上下均得到开拓，形势大好！

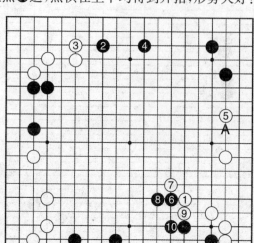

图1-61

🉐1-62，白只有到上面1位拆才是正确方向，黑❷也是正确的下法，是阻止白棋进一步在A位拆。白③仍可抢到右边拆二，全局白棋速度快，优势！

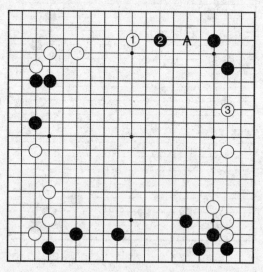

图1-62

🉐1-63，黑❶在右上角跳出，是完成右上角定式。下面要看白棋如何选

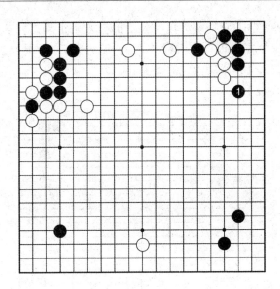

图 1-63

择行棋方向。

图 1-64,白①到右下角挂,黑❷飞,以下至黑❻拆是一般对应,局部来说没有什么不对,但白◎一子几乎成了废棋,下面白棋也嫌过窄,不能满意。

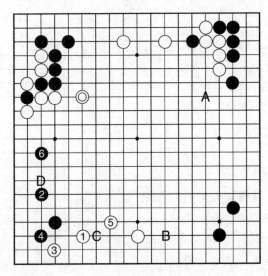

图 1-64

白如到右上角 A 位飞出企图扩大上面,方向也不正确,黑即于 B 位拆,白C、黑 D,白上面外势仍无作用。

图 1-65, 白①应到左下角星位上面挂才是正确方向, 是最大限度地利用白◎一子, 扩张了左边模样。黑❷关、白③顺势拆二, 全局白棋舒张。黑如 A 位打入, 过分! 白即 B 位跳出, 经过黑 C、白 D、黑 E 后白可 F 位飞角, 黑棋将被攻击, 以后上下都难下。

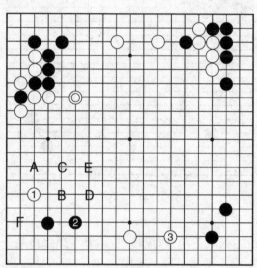

图 1-65

图 1-66, 黑❶到上面下无忧角, 白②分投是常见平行布局的下法, 但没有在 A 位挂角迅速。以下黑棋如何对白②进行攻击以发挥先手效率?

虽然全盘仅有六子, 但是确是比较典型的题例。

图 1-67, 黑❶从上面向下逼白◎一子是方向错误, 白②正好开拆兼挂黑角, 一子两用, 效率很高, 黑棋不爽。这是黑❶方向失误所致。

黑❶如改为 A 位分投, 也是大场, 白棋仍然 2 位挂, 接下

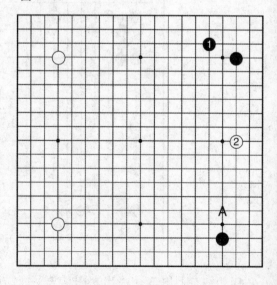

图 1-66

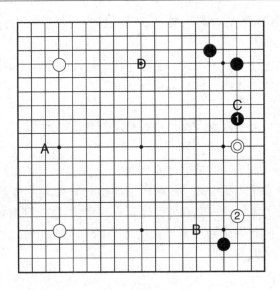

图 1-67

来黑 B、白 C,这样黑棋右边无忧角就有了失落的感觉。

黑如改为 D 位开拆,白仍 2 位挂,总之都是黑棋方向不对。

图 1-68,黑棋在右下角 1 位缔角才是正确方向,也正是棋谚中所说"攻棋近坚垒"的下法。因为右上是无忧角,相对来说比右下角只有小目一子要坚

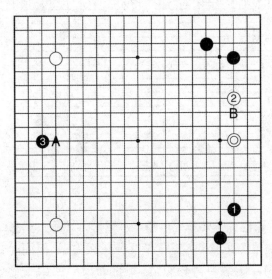

图 1-68

实一些,所以黑❶既守了右下角又逼迫白②拆二,这样可以先手到左边分投。黑棋保持先手效率。

白②如改为左边 A 位形成"三连星",黑马上 B 位拆兼夹击白◎一子。这种"开兼夹"的下法效率极高。黑棋仍可保持优势。

第九节 理顺行棋次序

先占角,再向边上延伸,最后才向中间发展,这是布局的次序。

但布局行棋是千变万化的,在对弈中要恰到好处地掌握这一次序并不容易。尤其是在角上局部交换时双方次序就更为重要,往往在看似平淡的布局中一个次序的失误会导致全局原来平衡的天平倾向对方。所以布局时往往次序的对否可导致一盘棋的优劣。

图 1-69,白②在左下面拆二,安定自己,黑棋得到先手,如何行棋才能获得最大利益?

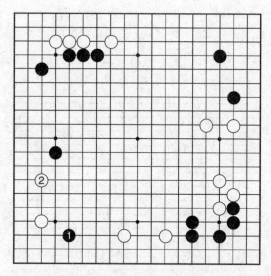

图 1-69

图 1-70,黑❶急于安排左下▲一子黑棋,白②扳,黑❸虎,白④长后黑❺不能不立下,这是角上正常对应,局部没有什么失误,但同时白棋也获得了安定,并得到先手到左边黑棋阵内打入,黑棋的模样便很难形成了。黑棋布局失败。

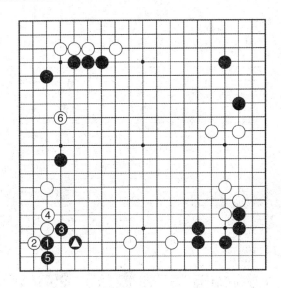

图 1-70

1-71,黑棋应先在 1 位尖顶,迫使白②挺起,造成重复,再于 3 位托,这是次序。由于白有 2 位的重复,所以白④托时黑❺连扳又是好次序。对应至白⑩飞出,黑⑪即于上面关,巩固了上方。白⑫跳,黑⑬打,白⑭也打,黑⑮提后先手活棋,再到右上角 17 位守角是大场,全局黑领先。

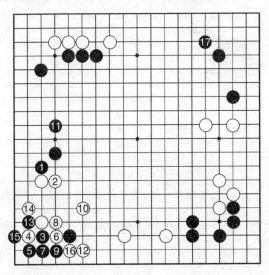

图 1-71

图 1－72，一盘常见的布局，是三连星对三连星，白①挂、黑❷关，白③开拆，下面黑棋怎样利用先手次序取得优势是关键。

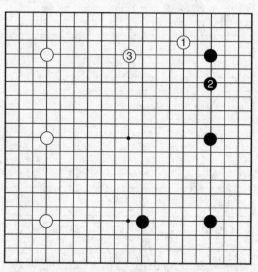

图 1－72

图 1－73，黑❶点角是不可否认的大场，以下至白⑫虎是点三三定式的一型。黑取得先手后如在 A 位扩张右边，由于白棋已厚实，不会再到上面补棋而

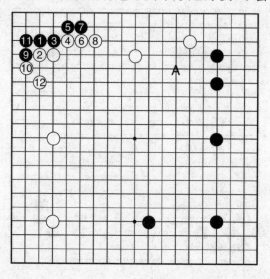

图 1－73

去占其他大场了。

图 1－74，黑❶应先在右边扩张自己的模样，等白②应后再去点三三，这才是好的次序。

白②如改为 A 位守角，黑即 B 位靠下，攻击白◎一子。

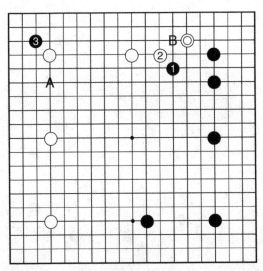

图 1-74

图 1－75，黑❶在上面拆二是为安定自己。白棋取得了先手，当然左边是

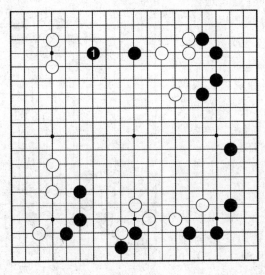

图 1-75

最后大场,但是白在占这个大场前最好能便宜一下。

图 1－76,白①抢占左边大场本是当然的一手大棋,黑❷抓住时机飞攻白棋,白③为防黑 A 位跨断不得不补,黑❹挺起,白⑤也是争出头不可省的一手棋。黑❻顺势补好左边大空,而中间白棋尚未完全安定,显然黑棋布局成功。

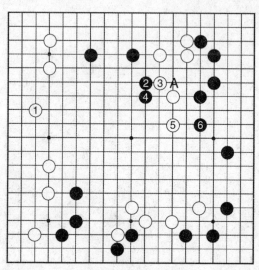

图 1－76

图 1－77,白①应先在中间镇一手,等黑❷跳起后再于 3 位占大场,经过这一次序交换,中间白棋已坚固,黑如 4 位立下是大极的一手棋,夺取白棋根据地,白⑤靠下,以下经过为正常交换至白⑰,白棋得到安定,全是白①这一次序的功劳。

次序在布局的局部往往也很重要。

图 1－78,左上角是双飞燕定式的一型。白①打后黑棋上面❹一子要处理一下,用什么次序能最占便宜才是关键。

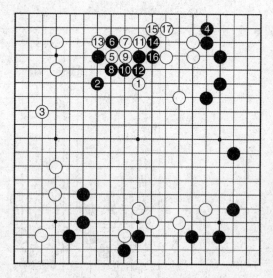

图 1－77

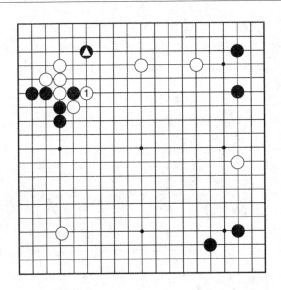

图 1-78

图 1-79,黑❶为求安定向角里飞,想处理好黑▲一子,白②马上到左边压,黑❸不得不长,白④夹击是严厉手段,黑❺曲后白⑥跳起继续攻击,和白◎一子呼应成势。黑为防白 A 位扳不得不 7 位跳。白在左下角得到了利益后且是先手,再到上面 8 位逼黑二子,次序好! 白棋主动,黑棋难受。

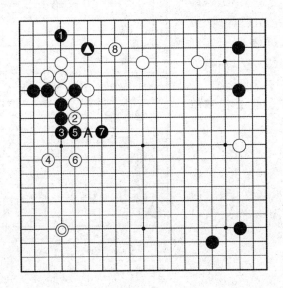

图 1-79

　　图 1－80，黑棋本应按定式在右下角 A 位冲，现在脱先到左下角挂是希望白在 A 位补，然后好攻击左下角白棋，白棋将怎样才能从中得到利益呢？

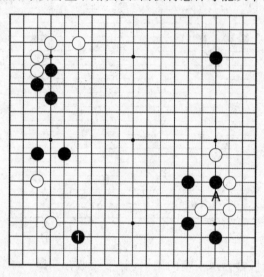

图 1－80

　　图 1－81，白①到右下角补本是厚实的一手棋，但黑❷即到左边点角，对应至黑⓬跳，黑棋夺取了白棋根据地，而且实利不小。由于有黑🔺一子，白棋外势得不到发挥，一时也无法攻击黑🔺一子。可见白①是得不偿失的一手棋。

　　图 1－82，白①先在左下角跳下，和黑❷交换一手，黑❷为防白 A 位打入当然要补，白③再到左角虎，次序正确，白棋可以满足。

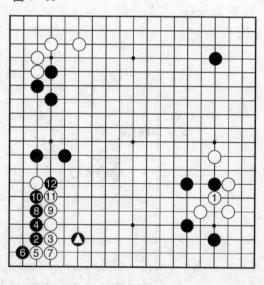

图 1－81

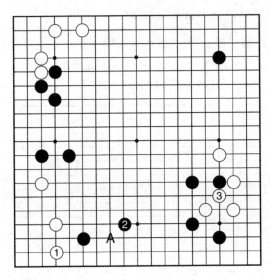

图 1-82

第十节　急场和大场

"大场"是指在盘面上价值极大的场所,一般是以较强的棋形为依托向边上开拆,或限制对方开拆的落子点。

"急场"也被称为"急所",就是全盘中最紧急的地方,是布局中建立根据地和克服某些棋形上的缺陷的紧迫地点。反之,对方如占到这些根据地,利用这些缺陷去进行有效的攻击,就能取得全局的主动权。

因此急场大于大场是布局基本原则之一。

图 1-83,黑❶在下面跳起,既攻击了白棋两子,又兼顾和左边❹一子黑棋形成模样。白②不得不外逃,否则将受到黑棋猛烈攻击。现在盘面上大场

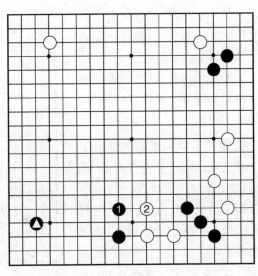

图 1-83

39

很多,但黑棋要注意自己的安危和根据地。

图 1－84,黑❶在左下缔角,是和两子▲黑棋形成立体结构的大场,但白②到右下角飞,搜去了黑棋的根据地。黑棋三子失去眼位,只有在 3 位逃出,白④随之关出加固自己的同时仍在攻击黑棋,全局主动。

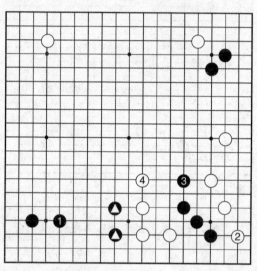

图 1－84

图 1－85,黑❶在右下角尖顶才是当前急场,黑棋已在角上净活,仅实利即在 16 目以上。

如白②到左边挂,黑❸飞起后白两边均将受到攻击,是黑棋好下的局面。

图 1－86,黑❶既开拆了下面又对白◎一子进行夹击,是所谓"开兼夹"的好点。白②不得不关出外逃。黑棋先手得利之后是占大场还是急场,急场又在哪里?

图 1－87,黑❶跳起,不

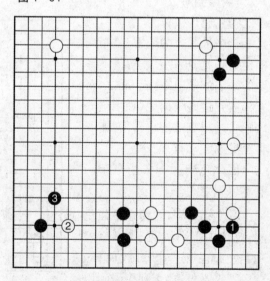

图 1－85

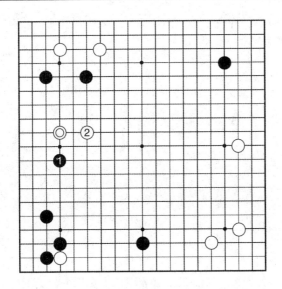

图 1-86

可否认是扩大左下模样使之成为立体结构的大场,但对左上边白◎两子威胁不大。白②抓住时机在左上角尖顶,至白⑥立下黑四子成为单官而且尚未净活,将受到白棋的攻击,全局被动。

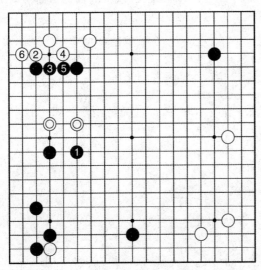

图 1-87

图 1-88,黑棋只有到左上角托,白②扳,黑❸立下后建立起自己的根据

地,才是当前急场。以静待动,看白棋如何处理中间两子,再决定是攻击还是占大场。黑棋全局主动。

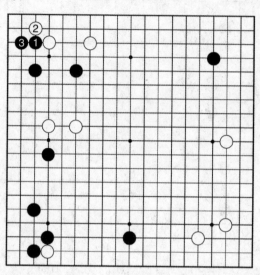

图 1-88

图 1-89,盘面上刚下六子,黑❶即夹击右上角白◎一子,白②尖出,黑❸飞应,白棋如何选择落点是关键。

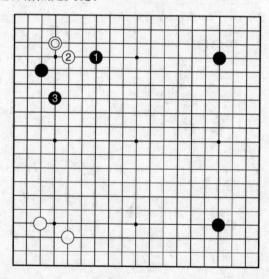

图 1-89

图 1－90，白①到右边分投是当前大场，但不是急场，黑❷抓住时机飞向左上角里。白二子被搜根，只有 3 位跳出，黑❹顺势跳出，白⑤⑦只好压，黑❻❽得到爬四线，形成了左边实空。至白⑨镇时黑❿顺势抢先向右边开拆，和右上角▲一子黑棋相呼应，形成模样，白棋明显吃亏。

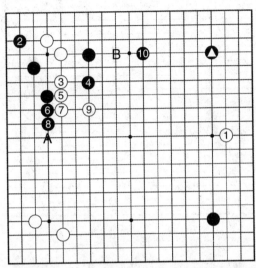

图 1－90

白①如改为 A 位一带拆，重视左边的模样，而且逼迫黑棋两子，则黑仍在 2 位飞入，白依然要在 3 位关出，黑即 5 位压白棋，白也只有在 4 位关应，黑还是顺势在 B 位跳，白棋仍未安定，全局黑棋主动。

图 1－91，白①应在角上 1 位尖顶，这才是当前急场，黑❷挺起，白③立下生根，黑❹必然要拆，这样白⑤仍能抢到右边分投的大场，是双方可以接受的正常布局。

图 1－92，黑❶到右上角

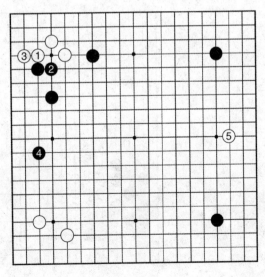

图 1－91

43

小尖守,占得不少实地,白②在右下角飞出,封锁角上黑棋形成下面模样,黑棋要和白棋形成对抗就不能墨守成规地先角后边再中间了。

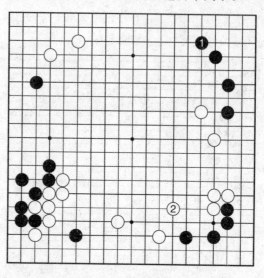

图 1-92

🐾 1-93,黑❶到上边拆,本身没有错,但白②飞起后下面模样明显膨胀起来,白◎一子也发挥了最大效率。

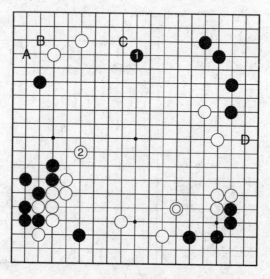

图 1-93

黑❶如改为左上角 A 位飞,白仍会在 2 位飞起,黑 B,白 C 拆二可以得到安定。

另外,黑 D 位飞也是大场,白还是 2 位飞起,黑棋仍然落后。

图 1－94,通过上面分析可见本图中黑❶是双方必争的急场,白②飞起,黑❸继续扩张,形成左边大模样,同时压缩了下面白棋,黑布局成功。

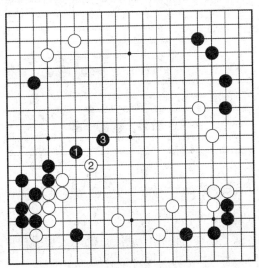

图 1-94

图 1－95,一开局即在右下角展开了激战,到黑❶打时战斗告一段落,白②到左下缔角,这是黑棋攻击中间白棋的最佳时机,不可放过!

图 1－96,黑❶到上面拆抢占大场是坐失良机,白马上在右下角飞下,既安定了自己又攻击了下面一块黑棋。黑❸补是本手,否则被白 A 位逼过来,黑苦! 白④得到先手到左上挂角,结果虽不能说黑不好,但总觉得不够积极,被动! 尤其让白④先手挂角,黑棋不爽。

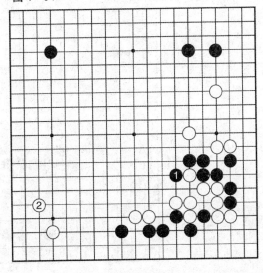

图 1-95

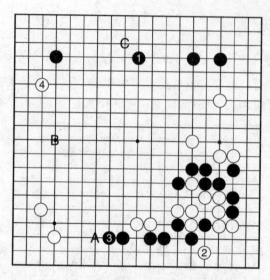

图 1-96

黑❶如改为 B 位拆,白仍在 2 位飞,和黑❸交换后再到 C 位分投,还是白得先手。

图 1-97,黑❶飞是攻击白棋的最佳时机。因被搜根白②只有外逃,于是黑❸❺❼❾顺水推舟扩张了外势。黑❾以后黑棋全局厚实。

黑❶飞时白②如脱先到 A 位占大场,黑则马上在 B 位尖,经过白 C,黑 D,

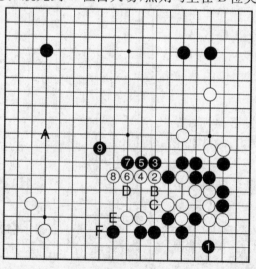

图 1-97

白 E,黑 F 的交换后白棋难活。

图 1－98,白①并是本手,但需有后续手段才有力。

黑❷到左上角缔角当然是大场,现盘面上只剩下右下角大场了,但白应发挥白①一子威力才好。因为黑在 A 位欠补一手棋,"欠债还钱",现在看白棋如何"讨债"了。

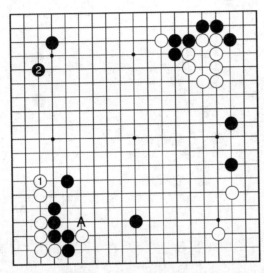

图 1－98

图 1－99,白①抢占大场从布局角度来说没有错,但黑❷马上在左下角虎起,棋形完整而厚实,这样就有在中部和上面连成大模样的可能,而右边三子白棋并不坚实,尚有被打入的可能,白棋所获利益不能满意。

图 1－100,白①在左下角跳起是当前急场,也就是白棋向黑棋要债的下法。黑❷❹夹、白③⑤阻渡都是好手。黑❻挖也是无奈之着,至黑⓰补断是双方必然对应。结果白得实利不

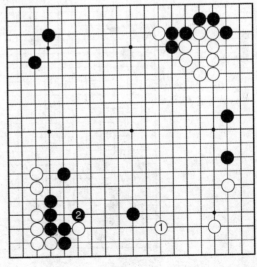

图 1－99

小,黑虽得到外势,但白是先手,应是两不吃亏。尤其由于有白◎一子,多少都会对黑外势有所影响。

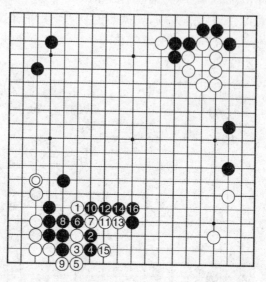

图 1－100

图 1－101,白①跳时黑❷刺一手后再 4 位跳下是常用手段,以下至黑❽为双方的正常对应。白⑨长出后棋形厚实,全局均衡。

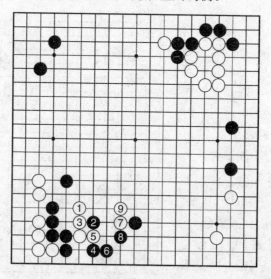

图 1－101

急场有时也未必在局部，不可计较一块小棋的死活，而大场更重于急场。这样大场也就成了急场。

图1－102，白①到右下角尖，黑棋如不补则白A位尖后黑棋不活。但盘面上还有更重要的地方。

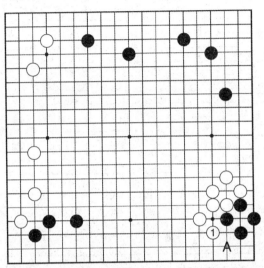

图1－102

图1－103，黑❶急于在右下角补活，白②得到先手而到左下角逼是绝好的一点，不仅对黑棋右下角形成威胁，而且黑子为求安定必然会加厚白②一子，这样黑棋全局将落后。

图1－104，黑❶在本局中既是大场也是急场，抵消了右边白棋的势力，白如到右下角A位尖吃去黑角，黑即占盘面上其他大场。两个先手足以抵消角部的损失，而且全盘黑棋棋形舒展。

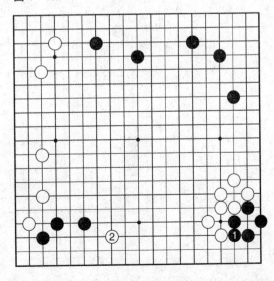

图1－103

49

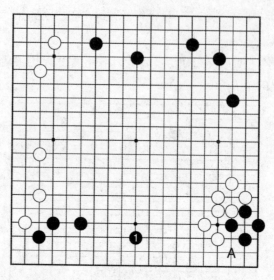

图 1 - 104

图 1 - 105，黑❶在左边尖出，企图攻击白棋◎两子，有些过分。白棋只要冷静看清双方各自根据地，就能找到急场的所在。

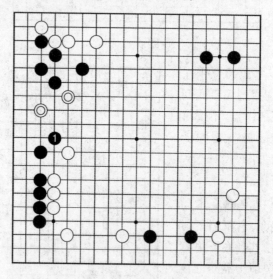

图 1 - 105

图 1 - 106，白①在黑▲一子的威逼下马上逃出，有些随手。黑❷即到左上角立下，得到安定。以后在适当的时机仍可 A 位靠出，白三子将受到攻击。

白③、黑❹各占大场。全局黑棋安定，而白棋仍有一块浮棋，黑棋主动。

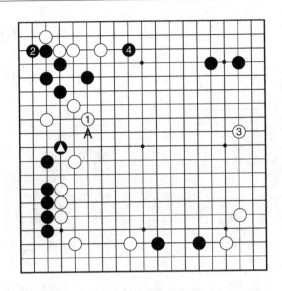

图 1－106

🉐 1－107，白①到左上角打才是急场。使黑棋失去了根据地，黑棋为取得安定只有 2 位冲攻击白◎两子，于是白③挡，正好补强了自己。黑❹断至黑❼接，白为了防止白 A 位长出，不可不在 8 位长一手。白⑨嵌入是防黑 B 位冲的好手。黑❿、白⑪各占大场，应是白稍好！

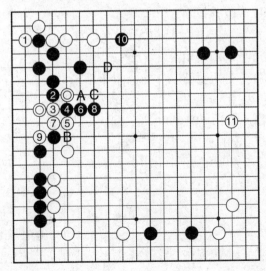

图 1－107

　　黑❷如改为 B 位长出,则白 C 位关,黑只有 D 位跳,是双方向外跳的结果,但白棋主动。

　　图 1-108,白①拆二时黑❷尖顶,白③挺起,造成重复,但同时也得到了加强。黑棋此时要注意自己的安危。

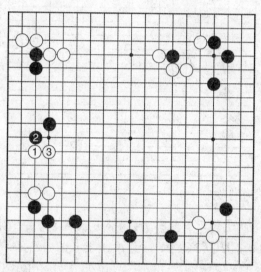

图 1-108

　　图 1-109,不可否认黑❶是目前最大点,首先巩固了右边阵地,进一步可在 A 位对白◎二子搜根,但现在不是主要战场。白②立即到左边打入,绝对是一手好棋。黑❸压至白⑥渡过后黑棋成了浮棋,必须逃出,也无法到 A 位飞了。以后白还有 B 位扳出的要点。由于白已安定,就可放心在 C 位打入了,全局白优。

　　图 1-110,黑❶补强自己才是当前急场。安定后可以放心到上面打入白棋阵中,白

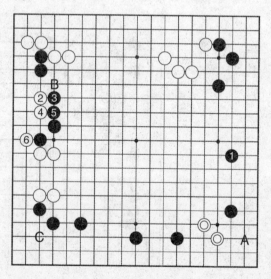

图 1-109

②打入后黑❸逼,白④罩住黑一子后黑棋先手效率仍在。布局成功。

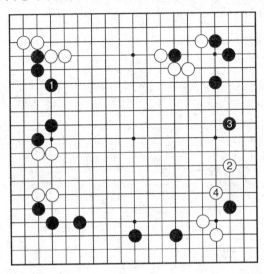

图 1－110

🈲 1－111,左下角白⑧爬是完成了定式。虽处于低位,但和右下角黑▲子处于三线也可抵消。黑棋取得了先手,怎样才能发挥黑❶至❼外势的作用是当务之急。

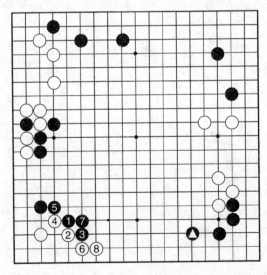

图 1－111

图 1－112，黑❶到上面占据最后大场虽不是坏棋，但忽视了盘面上的急场。白②到左边黑棋两子头上扳，黑❸、白④、黑❺后白在 6 位打、8 位长出后黑被分开，处于苦战，全局陷入被动。

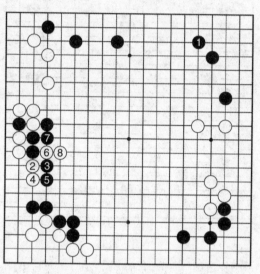

图 1－112

图 1－113，黑❶是当前急场，这样才能发挥左下角的外势作用。至于白②到上面点角也是正常下法。由于左边黑外势充分，全局呈黑棋好下的局面。

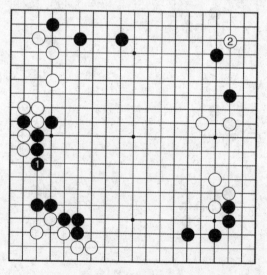

图 1－113

第十一节 定式的选择

定式千变万化,在布局阶段一定要根据全局的配置采用与其相呼应的定式。一旦采用不当,即使局部是两分,在全局来说也是坏手。所以有人说:"用定式损两目。"因此,只记熟定式而不能灵活选择运用的话,结果反而要吃亏。

🖐 1-114,黑❶挂、白②托,以下黑❺选择了虎的定式,正确! 白⑥跳后黑❼一子正好对白◎一子夹击,同时自己得到开拆,是所谓"开兼夹"的好手。

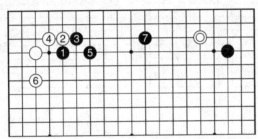

图 1-114

🖐 1-115,黑❺选择了粘上的下法,黑❼只能拆三,但白◎一子有 A 位拆二的余地,所以构不成威胁,白也不担心黑棋的进攻。

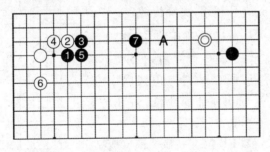

图 1-115

🖐 1-116,这是黑棋三连星的布局,白①挂角,黑❷一间低夹,白③点三三,黑❹挡的方向正确,至黑❽是典型定式,黑棋外势正好和黑▲一子配合成为大模样。

🖐 1-117,当白③点时黑❹在左边挡,方向错误,也是定式不当,经过交换,白⑪跳出,正对黑棋要成空的方向,黑▲一子发挥不了作用,很不爽!

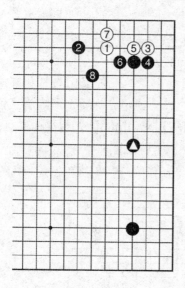

图 1－116   图 1－117

🔳 1－118,这是二连星布局,右上角仍用🔳 1－119 的定式,但黑❽飞起是后手,白棋可以马上到 A 位一带分投,将黑棋分开,黑棋上面的厚势得不到充分利用,布局失败。

🔳 1－119,布局刚刚开始,黑❶跳起,白不肯在 A 位飞起,是不想让黑占到 B 位拆兼夹白◎一子的好点,所以到右上角挂以求变。按一般下法白在 C 位拆是正常下法,现在就看黑选择什么定式才不吃亏呢?

黑如 D 位关,被白 B 位拆后显然白棋成功。

🔳 1－120,黑❶采取压靠定式,至黑⓫接,是定式的一型,白取得先手后再于 12 位飞起,由于上面白棋非常厚实,黑▲三子将受到攻击,白棋步调轻快,布局成功。

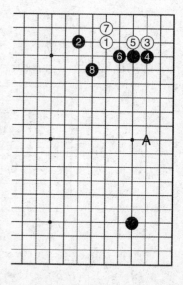

图 1－118

🔳 1－121,黑❶采用二间高夹才是正确的选择,至白⑥飞是典型星位挂二间高夹定式。白棋处于低位,黑棋又得到先手处理左边▲三子,应是黑棋成功。

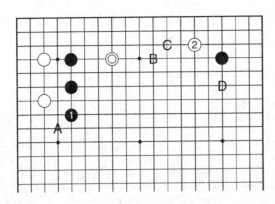

图 1 - 119

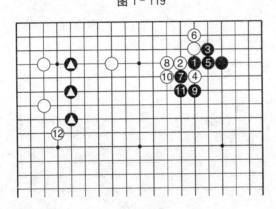

图 1 - 120

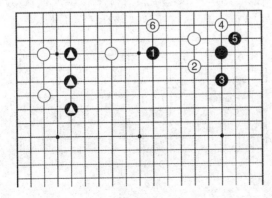

图 1 - 121

图 1－122，黑❶到右上角挂时，白②脱先到黑左上角高挂，黑❸外靠，白④扳，黑❺退后白棋面临定式的选择问题。

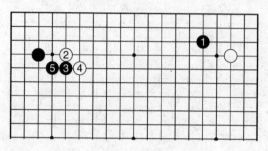

图 1－122

图 1－123，白①虎是定式的一型，但黑❷飞起后，白棋左边三子的外势已被抵消，同时右上角一子白棋也仍未安定。

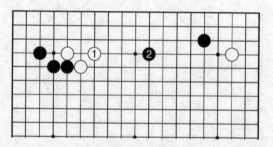

图 1－123

图 1－124，白①长出，黑❷断，白③打至黑❽接，白棋得到先手，到 9 位开拆兼夹击黑▲一子，布局领先，这是定式选择正确的结果。

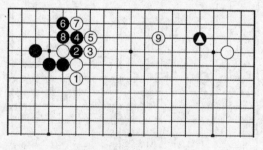

图 1－124

图 1－125，布局刚刚开始，黑❶挂，白②一间低夹。黑棋面临选择什么定式的问题了。

🌑 1－126，黑❶点三三，以下对应至黑❾跳是常见定式。但黑❾一子和黑🔺一子均处于低位，而且下一手没有好点可下。如再于 A 位并就太重复了。

可见黑❶选择的定式不是最佳下法。

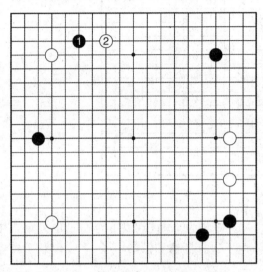

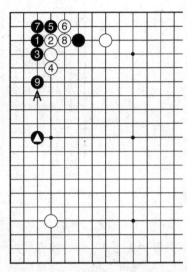

图 1－125

图 1－126

🌑 1－127，黑❶改为到另一面挂的双飞燕下法，白②压黑较弱的🔺一子是这个定式的特点。以下进行到黑❼，和上图大同小异，而不如上图实惠，仍然是后手，还是不能满意。

🌑 1－128，黑❸改为点三三，至黑❼立下，白⑧到右上角挂一手和黑❾交换后仍要回到 10 位补一手。

和上两图比较，最大区别是黑棋取得了先手，保持了先手效率，可以满足了。

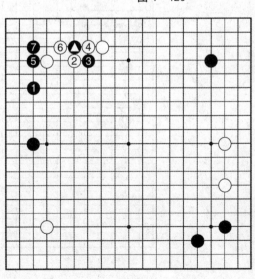

图 1－127

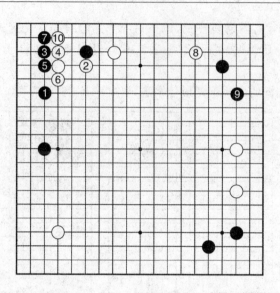

图 1-128

 1-129,黑❸点三三时,白④如改为下面挡,以下至白⑩也是定式黑棋仍得到先手,白得到整齐的外势,但下边有黑❶和黑⬤一子,多少限制了白棋的发展,黑可满足。

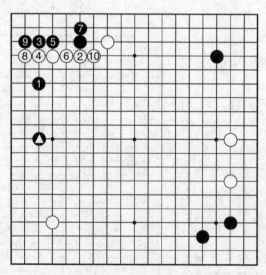

图 1-129

 1-130,白◎点三三是全局最后的大场,于是黑棋就面临选择从哪一

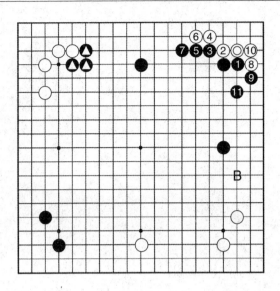

图 1－130

个方向挡下的问题了。

　　黑❶挡方向大错！这样黑左边▲三子发挥的作用就不大了。右下边的白 B 位拆后右上角黑棋所获将大大减少。

　　图 1－131，黑❶在左边挡才是正确的选择，至黑⓫后黑在上面形成了大模样，以后如能进一步在 A 位跳起则更是立体结构，黑好！

　　可见，同一定式也存在一个方向选择的问题。

　　图 1－132，白④扳时，黑❺连扳也是定式一型，但进行到白⑫压出后，黑▲一子将受到白棋攻击，如逃出必将影响到上面的大模样。所以黑棋布局不成功。

　　图 1－133，黑❺扳时，白

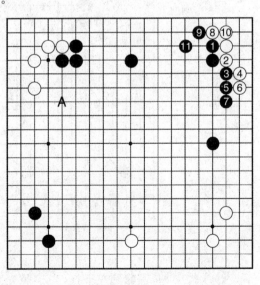

图 1－131

⑥到上面扳，至白⑭拆也是典型定式，这样黑得先手，而且角上实利很大，还和

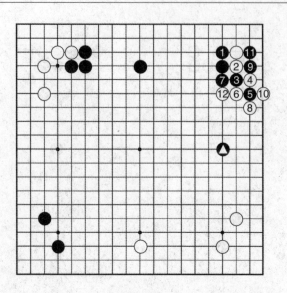

图 1-132

右边❹一子黑棋相呼应。而白棋虽破坏了上面黑角,总的算来还是亏了。

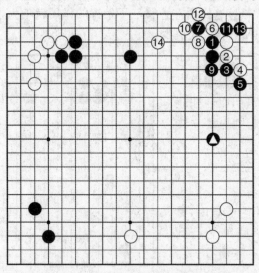

图 1-133

🖼 1-134,黑❶到左下挂,白棋脱先到右下角 2 位挂,至白⑧完成了一个定式。黑❾得到先手,到左下角对白一子双飞燕。此时,白棋要考虑用什么定式才能取得优势?

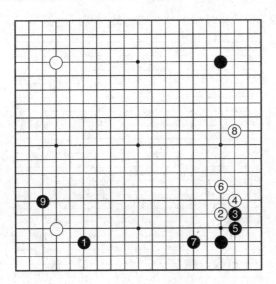

图 1 - 134

图 1 - 135,白②压、黑❸扳,对应至白⑧,由于右边有黑▲一子,白棋外势受到限制,不能充分发挥。而且黑❶一子正对白左上角白◎一子,这样白棋左边也不能成为模样,显然白棋不爽。

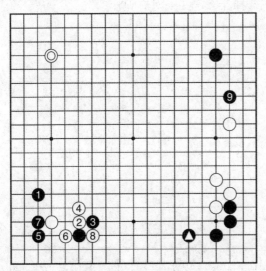

图 1 - 135

图 1 - 136,虽然是同一定式,但本图中白②改个方向压,方向正确。至白⑧,黑棋和右边虽同处于三线低位,但得到先手,到上面9位大飞。白也形成

63

了外势和左上角◎一子相呼应。这是双方均可接受的结果。

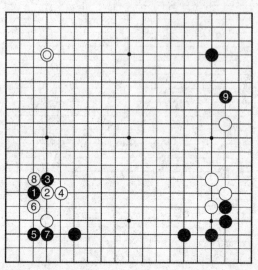

图 1－136

1－137,布局刚刚开始,白①挂角,黑❷为了配合右上角星位所以三间低压,那白棋应选择什么定式来对应呢?

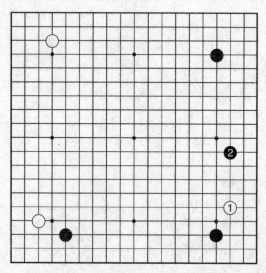

图 1－137

1－138,白①尖顶,黑❷退,以下进行到黑❻是常见的定式,结果虽不能说白棋有什么不对,但让黑❻一子和右角黑▲一子相呼应,总觉不爽。

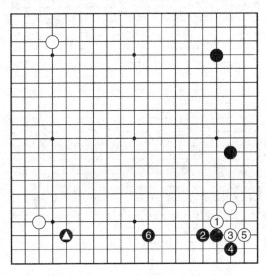

图 1－138

图 1－139,白①到左边夹是不以一子得失为重,而是重视大局,这才是正确的选择,黑❷当然不会放过白◎一子,白③拆二,黑❹吃净白◎。这样白⑤得到先手尖顶左边一子,至白⑦顺势飞出攻击黑二子,白①③两子发挥了最大作用,右边一子的损失也就挽回了。

图 1－140,布局刚刚开始,白①到右下角挂也是常见的下法,但黑却不能随手找一个定式,而要考虑到右下角黑▲一子的作用。选择一个合适的定式。

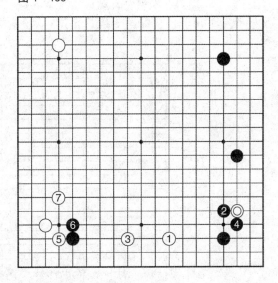

图 1－139

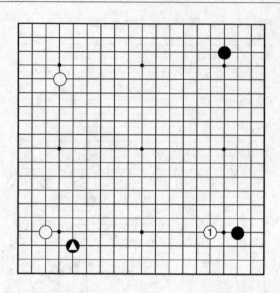

图 1 - 140

图 1 - 141,黑❶托,随手!白②扳,以下对应是常见定式。至白⑥拆后正好对左下角的黑棋❷一子进行夹击,取得所谓"开兼夹"的最大效率。黑棋当然不爽。

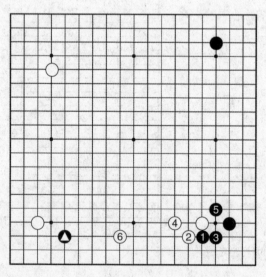

图 1 - 141

图 1 - 142,黑❶一间低夹才是正确的选择,白②以后是双方常见的对

应。黑❺后白为防黑棋在此飞压形成下面大模样,所以白⑯尖出。黑❼顺势飞出后黑右边厚势得到充分的发挥,先手效率仍在。

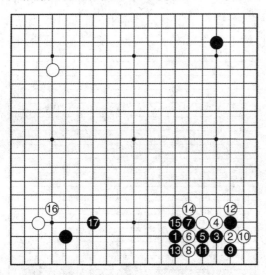

图 1－142

🔲 1－143,这是典型的"小林流"布局。由于白在 A 位或 B 位挂可能受到黑棋夹击,所以在 1 位二间挂几乎成了必然的一手。黑棋选择什么定式才能

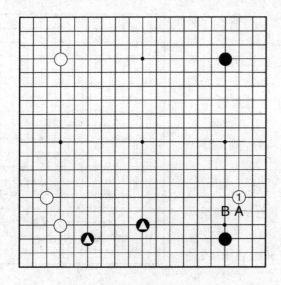

图 1－143

发挥黑▲两子的作用?

图 1-144,黑❶尖,白②拆二是避开复杂变化的简明下法。局部没有什么不对,但下面空虚,黑▲两子没有发挥应有的作用,和当初下"小林流"的意图不符。所以白②拆后不能说黑吃了亏,但也没有什么便宜可言。

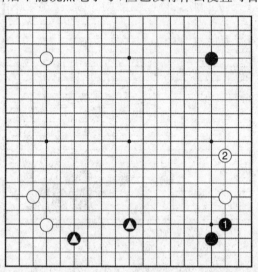

图 1-144

图 1-145,黑❶肩冲是重视取势,强调黑▲一子的配合。白②飞角是重视实利的下法,黑❸夹后双方接应已成为现在的定式之一了。至黑⓯飞守角,白为防黑 A 位尖,白⓰必补一手,结果应是两分,但黑▲一子发挥了作用。

图 1-146,白②飞时黑❸改为压,以下也是一种正常对应。白⑩⑫后白右边已经安定,以后有 A 位夹的利用,还是两分。

当然还有其他应法,但黑❶

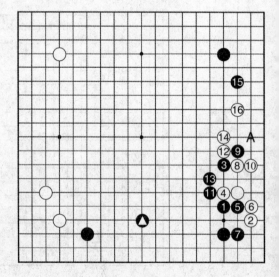

图 1-145

是必抢的要点,这是能够体会的。

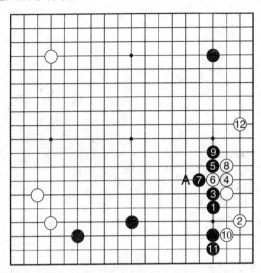

图 1－146

　　图 1－147,这是所谓"中国流"布局,左边已经定型,白①到右上角挂,黑棋选择的定式要以攻为守才好!

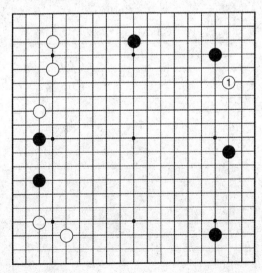

图 1－147

　　图 1－148,黑❷采用一间高夹定式,白③跳起,对应至白⑦飞后白棋已

得到了安定,而黑▲一子几乎没有起到攻击的作用,黑❷也有落空之感。

另外,黑❷如直接在 4 位跳,白即 5 位飞,黑❻,白 A 位拆二后,黑棋更不能满意。

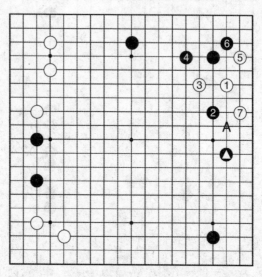

图 1－148

图 1－149,黑❶在二线飞是正确的以守代攻。但白②挡下后,黑❸贴,虽是定式,结果黑❺后得到了一定利益,而白⑥后也相对安定了。下面两子黑

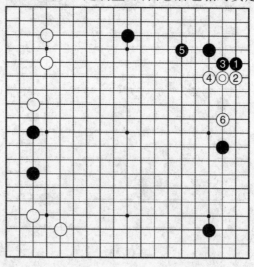

图 1－149

棋也相应变薄,白棋随时可以打入,黑棋一手也无法补完整。

　　图 1－150,当白③挡下时黑❹从下面拆并夹过来,才是贯彻最初 2 位飞意图的一手棋。白⑤跨,黑❻❽在角上获得相当实利,白⑨还要跳出,黑❿跳后白棋尚未净活。黑棋上下均获实利,还可进一步攻击白棋,当然黑好。

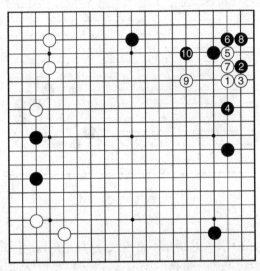

图 1－150

　　图 1－151,右下角是黑棋对白角"双飞燕"的定式。但定式不是固定的,在必要时应采取灵活变化的下法。如按定式现在白在 A 位扳才是正应,但要考虑到上面黑棋是"高中国流"布局,白棋一定要限制其发挥成为模样。

　　图 1－152,白①扳是按定式进行,局部不是坏手,至白⑤扳是防黑 A 位夹。结果黑❷跳起后加强了黑棋的外势,这样正好和上面"中国流"为背景夹击白◎一子从而获得发展上面

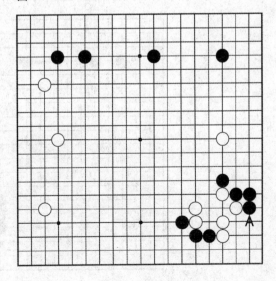

图 1－151

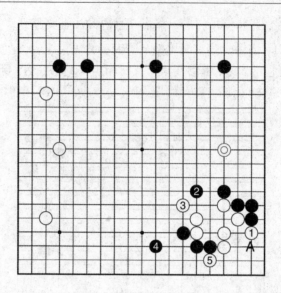

图 1-152

的可能,白棋不能满意。

    图 1-153,白①到左边逼虽不是定式,但却是根据周围布局情况灵活下出的一手棋,照顾了左边形势。黑❷不压不行,白③顺势长出,黑❹仍要再压,不能被白在此曲。白⑤顶后白⑦再压一手,和白◎一子正好联络。白棋的外势足以和

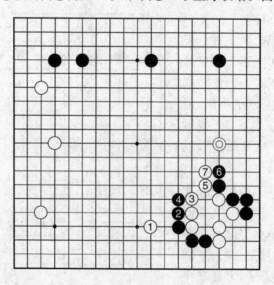

图 1-153

上面"高中国流"相抗衡。白布局稍优。

图 1－154,图中白在◎位扳时黑❶不在 10 位跳,而是直接到角上夹,白②立阻渡,黑❸至❺渡过,白即到 6 位断,至黑⓫也是一种变。黑棋得到了角上实利,白△一子仍处于被攻击状态,白棋布局有落后之感。

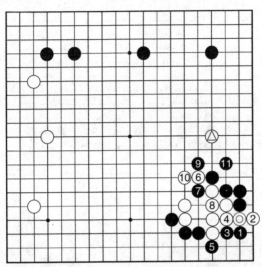

图 1－154

图 1－155,黑❶夹时,白②立下,黑❸渡过,白④断。局部白棋没有吃亏,但黑❺抢到先手到左下角挂,白⑥拆一、黑❼拆二后仍是黑棋稍优的局面。

图 1－156,右下角白◎位立下是定式,但下一步黑棋应怎样落子呢?

图 1－157,黑❶固守定式,在 1 位飞起,白②当然运用先手的机会到右上角完成二间高夹定式,经过交换,白棋不只得到了安定,而且白④一子正对黑棋成

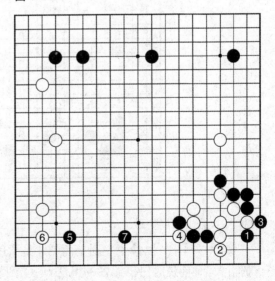

图 1－155

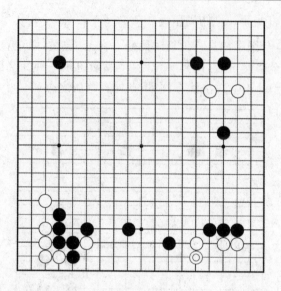

图 1－156

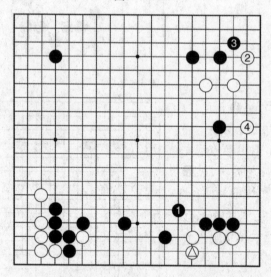

图 1－157

空的方向,黑棋布局失败。

图 1－158,黑❶脱先到上面刺才是活用定式。白②接后,黑❸跳下不只实利很大,而且是对白棋搜根的下法,白④到右下角冲出,白⑥⑧后,黑❾飞镇发起对白三子的进攻,对应至黑⓯,黑棋右边和上边均有所获,得到相当实利。

而白中间数子尚未活净,还处于苦战当中,明显黑棋布局成功。

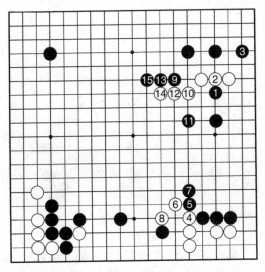

图 1 - 158

第十二节 初学者的几点失误

除了上面所说的十一条布局要注意的重点之外,初学者还需注意一些容易犯的布局失误。

1. 护角病

抱着"金角银边草肚皮"的金科玉律不放,只知护住角上实利,不懂向外扩张的重要性,也不反击,如此必然要在布局上落后。

图 1 - 159,白①挂角,在左边有黑▲一子时黑❷尖顶,完全正确。以下双方对应均很正常,至白⑦,黑棋应如何行棋是要点。

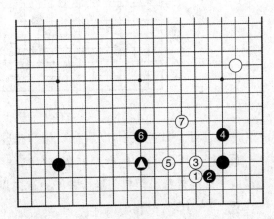

图 1 - 159

图 1－160,黑❶到右边立下,只图保住角地,毫无进取之心,太保守了!是典型的护角病!

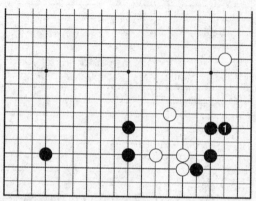

图 1－160

图 1－161,黑❶在左边小尖是以攻为守的好棋,这样中间白四子尚未活净。白②如到上面拆逼黑角,局部来说黑在 A 位立下是好手,但于 3 位尖出更为积极,争得出头,且不让两块白棋得到联络,保持攻击姿态。黑好!

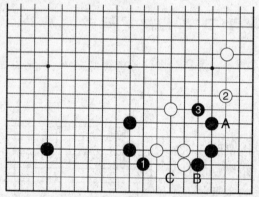

图 1－161

黑❸也可于 B 位立下,以后有 C 位的渡过,黑棋不坏!

图 1－162,白①依靠左下角星位◎一子白棋,到右下角逼,是企图通过黑棋应手加强外势。黑棋怎样应才能不让白棋借劲是关键。

图 1－163,黑❶尖顶,白②上挺后加强了和左下角一子◎的构成势力。然后黑又怕白 A 位或 3 位的点入,再补一手护住角空,黑棋共花五手棋,所得不多,子效太低。

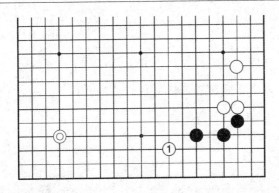

图 1－162

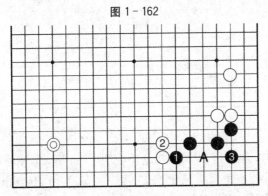

图 1－163

图 1－164，黑❶跳下或 A 位立均为正应，既补强了黑角，也消除了白 B 位点的手段，而白◎一子没有了好的后续手段，反觉过分。

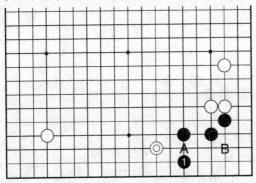

图 1－164

2. 拆二病

"一子拆二"是指在一子孤立时的下法,如一味拆二则是缓棋。

图 1－165,右下角黑❶斜拆三,白棋应如何对应才是好手? 千万不要一味保守!

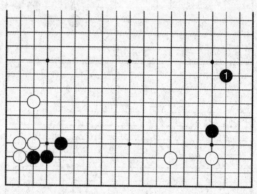

图 1-165

图 1－166,白①到下面拆二是不懂拆二的意义,只是自我强处补强而已,毫无攻击力量。左边黑棋只要 A 位拆即可安定。即使黑棋脱先,白再 B 位拆二那也是一路低位,棋形不好看,黑只 C 位靠即可安定,可见白①无力。

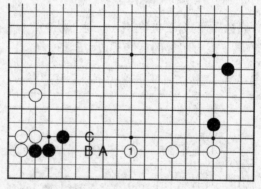

图 1-166

图 1－167,白①应多拆一些,对左边三子黑棋进行夹击才是好手,主动有力。黑在右边未安定前不会在 C、A 位打入,而白攻击黑棋的同时或可抢到 C 位飞甚至 D 位跳,形成立体结构,当然白好!

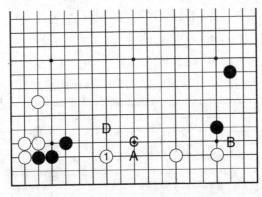

图 1－167

3. 恨空病

围棋是双方轮流下子的,所以不可能不让对方也占到一定的地盘,只不过是在双方围空时多者为胜。

如果一看到对方将要成空,就不管有多少空,也不看自己围的比对方多还是少,马上盲目打入,这就是"恨空病"。

恨空的结果的大多或是在对方攻逼下落荒而逃,对方在攻击中取得实利,同时进入了己方阵地;或是在对方空内苦活,对方形成厚势而一举掌握胜势。

图 1－168,白①为了不让黑棋在下面围成大空,嫉妒心一生就打入进

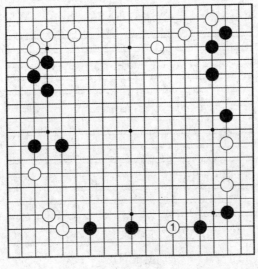

图 1－168

79

去,这是黑棋的好机会,应马上对其进行攻击以取得利益。

图 1－169,白①打入,黑❷跳起,白③不得不关出外逃,黑❹❻马上飞压右边白棋,白棋必须防黑 A 位冲下,这样白①③两子就在黑势力范围之中,必将受到猛烈攻击,全局被动。这就是白①恨空造成的恶果!

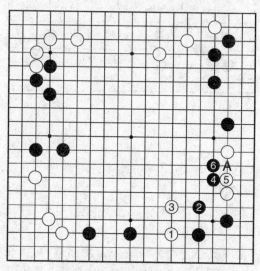

图 1－169

图 1－170,白①拆边时黑❷应到右下角守角,白③补角,黑❹再拆边,这样黑棋局面宽广,实空保持领先,先手效率仍在。

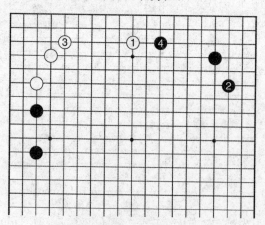

图 1－170

🏀 1－171,白棋在◎位拆时,黑棋不愿看到白在左上成大空,在角上所谓"二五"侵分,至白⑥关起,黑❼又是另一种"恨空"的下法,是不想让白棋到右边成空。于是双方进行到白⑱,黑⑲怕白棋在此处点。其实即使白点也是双活。这样白得到了厚势,又抢到了 20 位挂。黑棋全局不利。

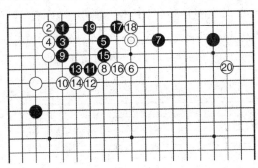

图 1－171

这全是黑棋恨空的恶果。

4. 好战病

这和恨空病有一定区别,恨空型时主动打入对方,不想让对方形成大空;而好战型则是想攻击对方看似孤棋的子,但没有仔细看清周围的双方配置,盲目落子,结果往往被对方攻击而吃亏。

🏀 1－172,白①尖顶本来就不是好棋,攻黑▲一子过急。黑❷挺出后,白③又马上投入,以为是夹击黑两子,但黑右上角十分坚实,白③不是夹击黑棋而是自投罗网。黑反而可在A位飞起攻击,白③一子即使逃出也是孤棋,而且必将影响到下面白棋的模样。过分好战有时只能自讨苦吃。

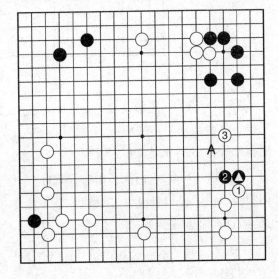

图 1－172

5.脱离主要战场病

布局时在局部也有战斗,但有的初学者为抢大场,往往脱离主要战场,这就造成给对方机会,从而使对方一举占据优势。

🔲 1－173,布局刚刚开始,盘面上大场很多,白在 A 位拆二或到 B 位一带开拆都是堂堂正正的布局,但白①犯了"恨空病"打入黑棋阵内,黑棋正可抓住这个时机,对其发动猛烈攻击,可以取得很大利益,在布局时即可奠定绝对优势。

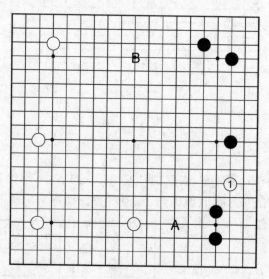

图 1－173

🔲 1－174,黑❷飞攻完全正确,白③挺出全是出于无奈,不知什么原因,黑❹突然脱离了主要战场,到下面拆,这样白棋就可以轻松地在 A 位逃出,右边黑棋模样被白棋分裂,当然不利。

🔲 1－175,当白③长出时,黑❹应继续对白棋进行攻击,所谓"二子头上闭眼扳",白⑤也只有扳出,黑❻断,毫不松手,至黑⓮,黑在右下角可获实利甚大,而且有黑❽的挺头,黑优。

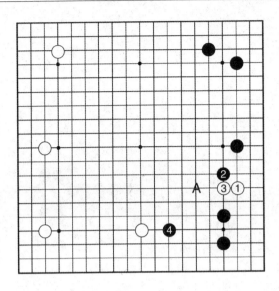

图 1-174

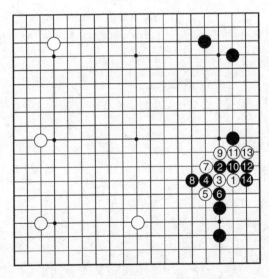

图 1-175

　图 1-176，黑在❹位扳后，白改为 1 位断，黑❷即到上面挡下，白③只好打，以下至黑⑫几乎是双方不能改变的对应。其中黑❻已将右下角稳稳占住，白只是一路逃出，几乎是单官，而黑棋在上面形成一道强大势力，潜力极大。全局黑棋大优！

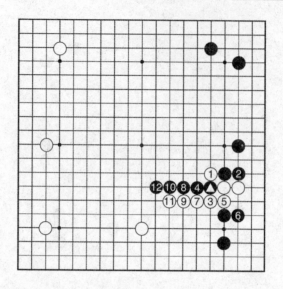

图 1 - 176

以上仅举出一些初学者易犯的典型毛病,其他还有如贪吃病、盲目发展外势病等,在此不再多介绍了,留待在后面各类布局中再加以详细解说。

第二部分 布局流派

第一节 秀 策 流

中国古代行棋双方在落子前都先在棋盘对角各放一子,这样就有了黑白各两子,称为"座子",然后再下棋。日本首先废除了座子,这样围棋变化更多,空间也更广阔,行棋更自由了。

到了日本江户末期有一个叫桑原秀策(1829～1861)的棋手下出了黑棋开局1、3、5连占三个小目的布局,被后世称为1、3、5布局,又叫"秀策流"布局,到了20世纪五六十年代,不下秀策流几乎就不成围棋了,这种布局占领了围棋舞台达百年之久。所以吴清源大师曾把"秀策流"布局比为围棋史上的金字塔。

但现在下"秀策流"的人已经不多了,原因是当年黑子不用贴目。黑棋只要保持先手效率即可胜棋。而秀策流比较和缓,在大贴目的今天黑棋也是以积极态度为主流,不然很难取胜。

现在贴目已达 $3\frac{3}{4}$ 子,黑棋负担很重,如和缓地占角,必将无法贴出来。现代布局多为双方积极抢空,甚至很早即开始了序盘战斗。

虽说秀策流现在已不多见,但初学者不可不知此型。

图2-1,这是典型的秀策流。黑❼尖起是防白在此飞压,白⑧到下面反夹黑❸一子是求变的下法。黑❾尖是定式,白⑩飞,黑⓫也是防白封锁,白⑫顺势拆边,黑⓭则反夹白⑧一子并兼顾黑❺一子。黑⓱尖顶是

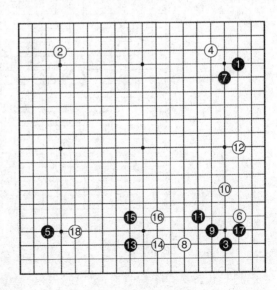

图2-1

急场,白⑱打入挂角后,布局到此告一段落,左下角将开展序盘战了。

图2-2,白⑥到右下角挂时,黑❼到右上角二间高夹,比上图的小尖要积极一些。白⑧尖,黑❾大飞时白⑩到右下角高夹进行反击,至黑⓯是定式。白⑯拆兼逼上面黑棋,好手! 黑⓱⓳自己生了根而且在攻击白④⑧⑱三子。以下至白㉔飞守左上角,同时攻击黑❼㉓两子,战斗开始。

图2-3-1,黑❼尖时,白⑧在右边开拆兼夹击黑❶一子,是秀策流布局最典型的原始下法。同时白⑧还可防止黑在

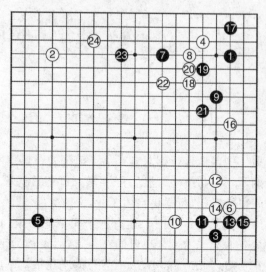

图2-2

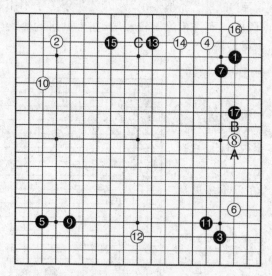

图2-3-1

A位开拆兼夹。白也有拆到B位的。黑❾、白⑩各守一角。黑⓭当然到上面阻止白到C位拆。以下白⑭逼,至白⑯飞角,黑⓱拆,双方均已安定。

图2-3-2,白⑱到下面拆二,黑⓳是弃子,黑㉓是急场,白㉔吃净黑⓳

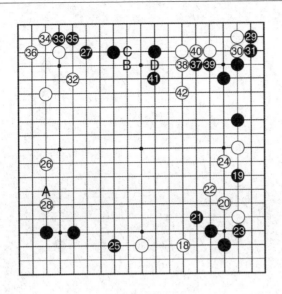

图 2-3-2

一子,黑㉕长,白㉖是防黑两翼展开,黑㉗和白㉘是双方各得一处的见合点。黑㉗如在 A 位拆,上面拆觉得薄了一些。黑㉙本身实利不小,同时搜索白根。白㉜是小目大飞补角的常型。黑㊶跳是防白 B、黑 C、白 D 压低,同时逼白㊷关出。

图 2-3-3,黑㊸曲镇也是防白 A 位打入和兼攻白棋之意。白㊹当然要应一手。以下白㊽㊿㊾都是先手便宜。至此局面大致两分,黑棋稍优,在不是大贴目的情况下,应还是保持着先手效率的。

图 2-4-1,白②在左上角星位落子,在秀策流中也常见,目的是以取外势对抗。至白⑫是常见对应。

黑⑬是"棋从宽处挂",白⑭和白⑫正好呼应。

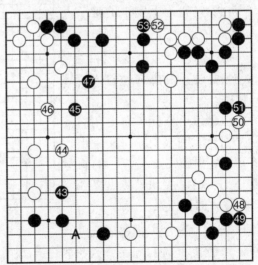

图 2-3-3

黑⑮夹击白④一子,是为了和左边黑⑬配合再黑⑰飞形成好形。白⑱可使两子生根,而且逼黑⑲拆。黑⑲

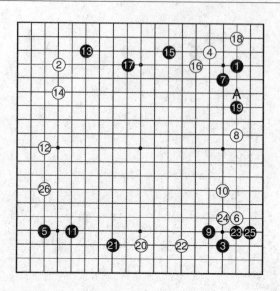

图 2-4-1

如不拆将被白在 A 位拆二逼过来，黑苦！

白㉒反夹至黑㉕是定式。

白㉖是盘面上剩下的唯一大场。

图 2-4-2，黑㉗顶和白㉘交换是防止白在 A 位打入或 B 位碰。

黑㉙㉛后保证了右上角净活。而且实利很大。白㉜尖出不可省。黑㉝又飞入左上角，再㉟飞出。白㊱尖顶是防黑棋在 C 位飞入而被搜根。

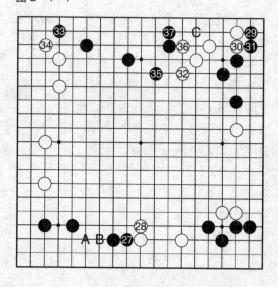

图 2-4-2

图 2-4-3，白㊳压低黑棋。黑㊴退，正确！如在 A 位扳则白 B、黑 C、白 D、黑 E、白 F 后即可借力扩大左边的白棋势力，同时使上面黑棋重复无味。

白㊵跳起是防黑在 G 处打入。黑㊶也开始向中间发展，而且厚实。

白㊷先在二线飞一手是先手便宜。白㊹飞封是为争取中间势力。

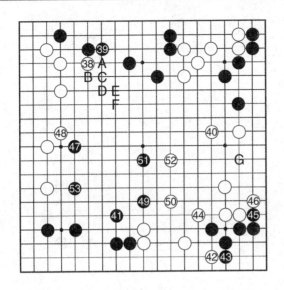

图 2 - 4 - 3

黑❹⑤不只实利很大,而且是先手,保证右下净活。

以下至黑❺③,黑棋不断扩大中腹,而白⑤②后也有所获。

布局至此告一段落,几处黑棋均已安定,大有希望。

第二节　平　行　布　局

黑棋❶❸占在同一边角上不同方向的小目被称为"错小目",如占据相对面的小目则被称为"向小目",也有一星一小目的,都可归于平行布局。

至于占两个星位或三个星位,虽也是平行,但另归为"二连星"和"三连星"布局了。

平行布局注重实地,黑棋容易控制局面,一般不会有太激烈的战斗。

图 2 - 5 - 1,黑❶❸是错小目。黑❺到上面下成无忧角,是典型的平行布局。

白⑧挂右下角至白⑫拆是高挂的典型定式。黑❸拆二有先手意味,白⑭关起是防黑在 C 位打入。

黑❺挂角,这是很古老的下法,也有在 A 位分投的,则白有 B 位拆的手段。

这种下法现在不多见了,白⑥也有在 C 位分投的手法。

下面介绍两种右边黑棋的打入的变化。

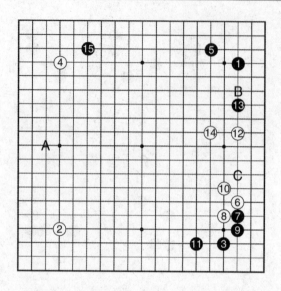

图 2-5-1

图 2-5-2,当黑▲即**图** 2-5-1 中黑⑬拆二时。白①不在 15 位跳,而到左边开拆,那就要对黑❷的点入有所准备。

黑❷点入,白③阻渡,黑❹在二路飞是重视实利的下法,白⑤先在下面刺一手,是防止以后黑在 A 位冲。然后白⑦罩住黑❷一子,黑❽靠,对应至白⑮枷,黑⑯靠后再18 位跳出,以防白棋成为厚势。也有不做这个交换的,这是定式以后的典型下法之一。

图 2-5-3,黑❹改为先向外飞,和**图** 2-5-2 恰恰相反,是重视外势的下法。白⑤长后黑❻顶,白⑦以下从下面渡过。黑⑯后,白⑰不可省,并不是为了 A 位吃黑三子,而是不能让黑棋点到断点,白 B 位跳出,黑 C 位一路跳下后白棋整块未活,而且还有黑 D 位挤后 E 位的劫争。

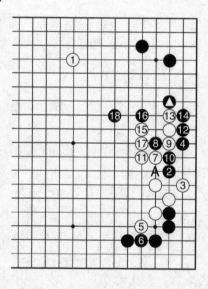

图 2-5-2

还有其他变化,此处不再多做介绍。

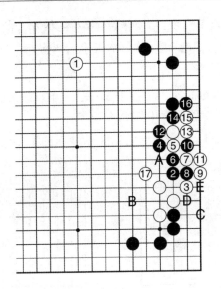

图 2-5-3

图 2-6-1,当黑❸时白④立即挂角,是不愿让黑在8位守角,如在8位挂,黑即占左下角,成了秀策流。

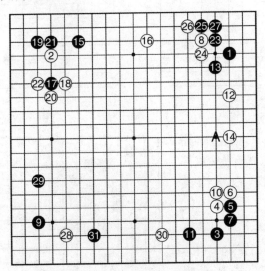

图 2-6-1

黑⓫跳时,白⓬先在右上角和黑⓭交换一手再白⓮拆二是预定方针。如在A位高拆,其变化如图 2-6-2 和图 2-6-3。

图 2-6-2，白①高拆，虽然是高低配合，但在此时不宜，在适当时机黑可 2 位打入，白③阻渡，黑❹和白⑤交换一手后再黑❻打入，白棋无恰当应手，右边白空将被掏空。

图 2-6-3，黑❶也可到上面夹击白◎一子，白②当然要压出，黑❸跳至黑⓫为正常对应，白④位置显然不如 A 位好。

再看图 2-6-1 中黑⓯挂角，白⓰防黑在此夹击白⑧一子。黑⓱反挂，白⓲压的方向正确，如压黑⓯一子，其变化则如图 2-6-4 所示。

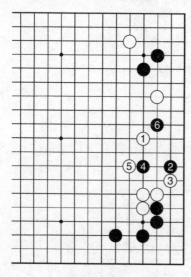

图 2-6-2

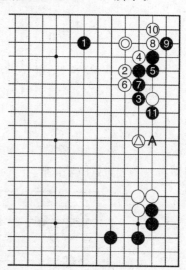

图 2-6-3

图 2-6-4，白①压，黑❷扳，至白⑦是定式，结果角部被黑棋先手获得，白棋当然不满！

再看图 2-6-1 进行至黑㉕㉗扳粘，角部已安定。白㉘挂，因为上面有白棋势力，所以黑㉙拆二。白㉚因自己子力较厚，所以尽量开拆，黑㉛打入，中盘战斗开始。

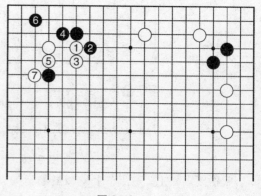

图 2-6-4

图 2－7－1,黑❶在星位,所以白⑥分投。黑❼❾先到左下角和白⑧、⑩进行交换后,再到左上角挂是趣向。白⑫飞,黑⓭先在左边逼白⑭拆二后再到黑⓯两翼展开,好形!白⑯跳嫌缓,正应如**图** 2－17－2所示。

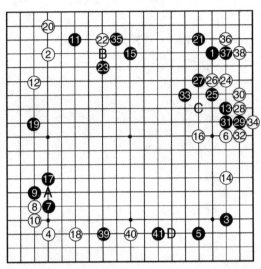

图 2-7-1

图 2－7－2,黑❶拆时白②应到左下角断。黑❺拆后,白⑥抢到右上角

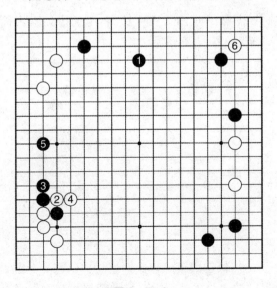

图 2-7-2

点三三,这样白棋布局步调快。

再看图2-7-1,黑⓱虎,对应白㉒打入时黑如B位靠变化较复杂。

图2-7-3,白①打入时黑❷压,白③挖,黑❹打后至白⑨到左边靠引

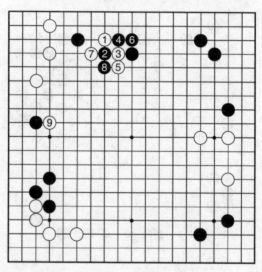

图2-7-3

征。以后将是双方都没有把握的战斗。

图2-7-4,黑❷压时白③还可长出,至黑❿曲双方简明,但白⑪曲镇时,由于黑棋上面比较坚实,大有落空之感。

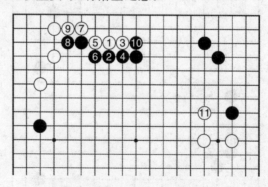

图2-7-4

再看图2-7-1,黑㉓虚镇是轻盈好手! 白㉔有点急躁,在C位曲镇压缩黑棋并瞄着上面黑棋的薄位才是正应。黑㉕㉗严厉! 白㉘托是正应,如扳或断

其变化则如图 2 - 7 - 5 所示。

图 2 - 7 - 5,黑❶扳时白②反扳,无理！黑❸必断,以下至黑❼贴粘后,白◎两子被吃,白损失太大。

图 2 - 7 - 6,白②如改为断,黑❸打,白④长,黑❺贴长后,白棋崩溃。

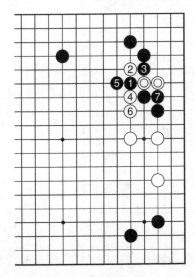

图 2 - 7 - 5

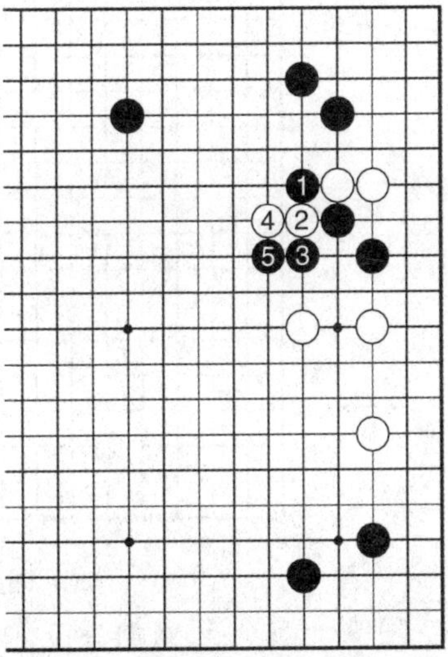

图 2 - 7 - 6

再看图 2 - 7 - 1,白㉘托,以下为正常对应,至白㊱又是一手不明大小的棋,应于 D 位逼黑角。

至黑㊴逼后,黑棋布局明显优势,白㊵打入,黑㊶必然夹击。中盘战开始。

图 2 - 8 - 1,黑❶❸错小目开局,黑❺先挂后再到右上角守。白⑧压住后黑❾又守右下角,白⑩吃净黑❺一子。

黑⓫挂角,白⑫如在左边跳出,其变化则如图 2 - 8 - 2。

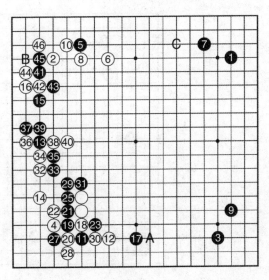

图 2 - 8 - 1

图 2－8－2 黑❶挂时白②关起守角,黑❸在下边拆,白④也拆,黑❺是大场,这就成了相互扩张的另一盘棋。

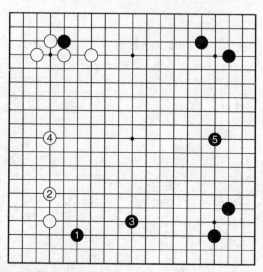

图 2-8-2

再看图 2－8－1,黑❸分投是一种趣向,白⑯是局部强手,但又是全局缓手,虽比 41 位尖要积极。正应是于 A 位拆,以后黑 B,白或 27 位或 C 位均不

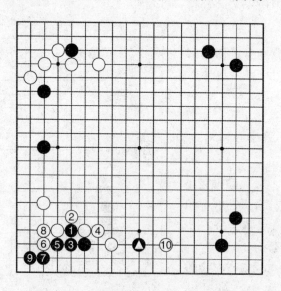

图 2-8-3

坏。黑**⑰**后白在左上并无有力的后续手段。

黑**⑲**挖,白**⑳**如改为在上面打,其变化则如 **图** 2－8－3。

图 2－8－3,黑**❶**挖时白**❷**在征子不利时多在外面打,对应至黑**❾**立是定式。白抢到 10 位夹击黑**▲**一子也不坏。

再看 **图** 2－8－1,白**⑳**在下面打是求变的下法。对应至黑**㉛**,白得实利,黑得外势和右边呼应,应是黑稍优。

白**㊻**扳是为留下余味。以后进入了中盘。

图 2－9－1,白**⑥**分投时黑**❼**到左上角二间挂,白**⑧**拆二是趣向。黑**❾**又到左下角挂,希望白 11 位应,然后占白 10 位和黑**❼**相呼应。所以白 10 夹,黑**⓫**反挂。白**⑫**飞出是新手。对应至黑**⓳**立是定式的一型。

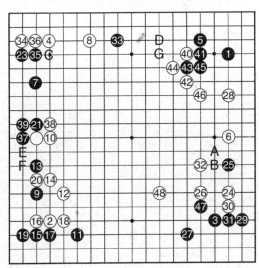

图 2-9-1

图 2－9－2,当黑**❶**在另一面挂时,白**❷**压靠。黑**❺**选择了托的定式。正确! 白**⑥**挖后至黑**⓭**是定式。白**⑭**为了照顾白**◎**一子,不能让黑在此曲出而不得不压。黑**⓯**拆后,白棋外势得不到发挥,对左上角黑**▲**一子一时也没有好的攻击手段,白棋不爽。

图 2－9－1中白**⑭**尖时,黑**⓯**点角稳健,如在 20 位接,其变化则如 **图** 2－9－3。

图 2－9－3,当白**①**尖时,黑**❷**接,白**③**尖是防黑出头,黑**❹**只有靠以求

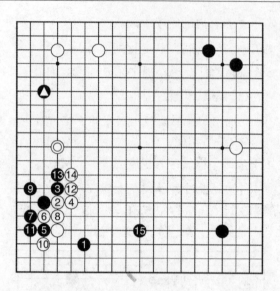

图 2 - 9 - 2

腾挪。白⑤当然断,至白⑬,白角上实利甚大,黑大亏!

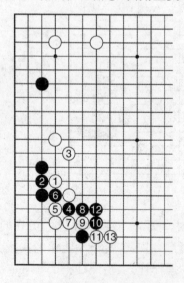

图 2 - 9 - 3

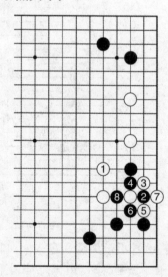

图 2 - 9 - 4

再看图 2 - 9 - 1,黑⑲后,黑得实地、白得外势,双方均可接受。

黑㉑㉓安定黑❼一子,正确!白㉔拆三,黑㉕打入是常见形。白如 A 位尖,则黑 29 位跳下,白 B 位压后黑即先手到左上角 36 位尖顶,黑好!所以白㉖跳起。白㉚损,但是为抢先手不得不下。白㉚如改走 32 位其变化则如 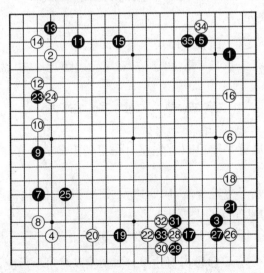 2-9-4。

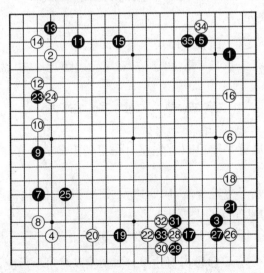 2-9-4,白①如直接曲镇,黑❷则马上托过,对应至黑❽打,白棋几乎崩溃。

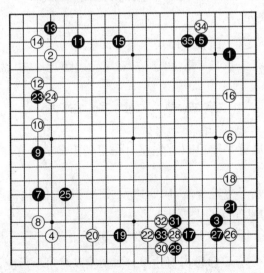 2-9-1 中白㉜镇后黑㉝还是应在 36 位尖顶,白 C、黑 D 交换后果比较实惠。白㊳重外势,如在 E 位扳,则黑㊴接后,白还要在 F 位补上一手,黑占 G 位,黑优。

白㊵肩侵上面黑空,同时扩张自己。白㊻是不让黑棋出头的好手,黑㊼、白㊽后中盘战斗开始。

布局结果双方均无不满,将是一盘细棋。

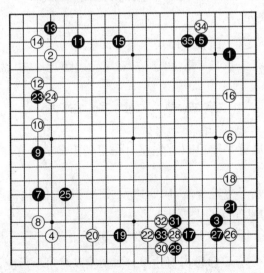 2-10-1,这是一盘双方平稳的布局。对应至黑㉑补角,白㉒打入,黑㉓碰是求变化的下法,试应手。如跳起,则会形成如 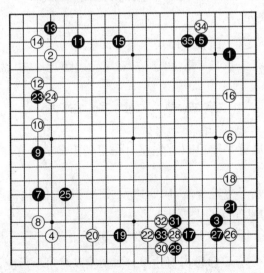 2-10-2 的变化。

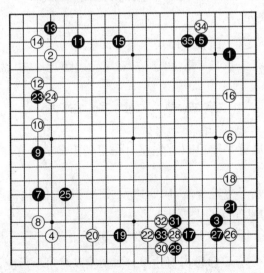 2-10-2,白①打入,黑❷跳起,白③也只有跳,黑❹❻连飞,攻击白棋。这将是另一盘黑棋主动的对局,黑棋不坏。

 2-10-1 中白㉔扳时黑如应,则形成如 2-10-3 的变化。

图 2-10-1

99

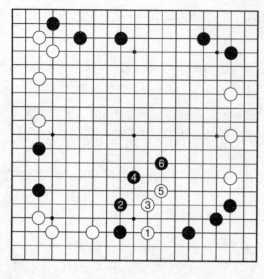

图 2 - 10 - 2　　　　　　　　　　　图 2 - 10 - 3

🏮 2 - 10 - 3，白①扳，黑❷长企图逃出，白③压，黑❹扳，白⑤以后是双方正应。白⑪ 扳起后黑棋虽掏空左上角白空，但被分开，下面两子黑棋▲反而成了孤棋，得不偿失。

🏮 2 - 10 - 1 中黑㉕关出是呼应下面黑⓳一子。

白㉖在角上点是寻求变化，白㉘碰，对应至黑㉝开劫，中盘开始。

第三节　对角布局

我国古代布局就是黑白双方先在对角星位上各放一子，再进行对局，对角布局正是这一下法。

对角布局双方子力较分散，向四边发展快，有攻击力，富有变化，容易形成战斗，但不容易构成连气的大模样。

当然，对角下到小目也是对角布局的一种下法，所以归入此类。

🏮 2 - 11 - 1，黑❶❸占对角星，白② ④以对角小目应。黑❺挂角，白⑥二间高夹，黑❼后白⑧只一间跳，如 A 位拆二，则黑 B 位夹，白 12 位关，黑即 41 位飞压，就要展开战斗了。黑⓯镇，白⓰尖，好手！至白⑳，白棋稍优。

黑㉓是顾及全局的好手，如到角上托，其变化则如 🏮 2 - 11 - 2。

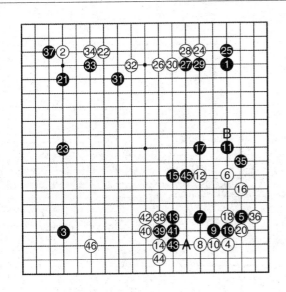

图 2-11-1

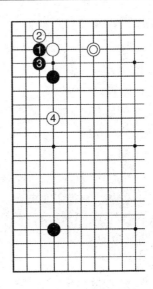

图 2-11-2

图 2-11-2,黑❶托角,白②扳,黑❸退,由于白有◎一子,所以在 4 位夹,黑棋不爽!

再看图 2-11-1白㉔挂,因为黑在下面有❶和❶两子,所以在黑㉕扎钉。好手!白㉖大飞,黑㉗好点,如在 29 位冲,则黑 27 位并,白苦!

黑㉛㉝扩大了黑棋外势,但很可惜,黑㉟突然改变了方向错误!正应按图 2-11-3进行。

图 2-11-3,图 2-11-1中㉟应如本图在 1 位飞压,白②长时黑❸长,这样才能发挥上面▲两子黑棋的作用。也是黑棋有望的局面。

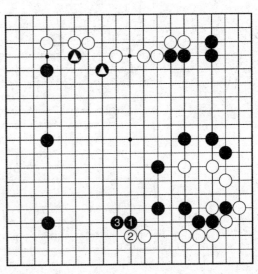

图 2-11-3

由于图 2-11-1中黑㉟下出了矛盾手,被白㊳靠出,对应至白㊻挂,已成白棋领先的局面。

图 2－12－1，黑❶❸小目星对角，黑❺挂，白⑥尖，坚实！黑❼、白⑧各占一角。黑❾可改为 A 位拆，则白 B 拆，将是一盘平淡布局。白⑭跳，正确！

图 2－12－2，白①不在 A 位跳而改为飞压，至黑❻挺，黑棋在左边获得不少实利，由于有黑⬤一子，白棋外势得不到发挥，如再被黑占到 B 位，则黑大优！

图 2－12－1 中黑⓯冷静！而白⑯过分！应到左边占大场。

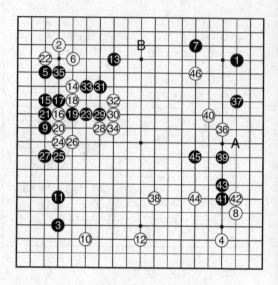

图 2－12－1

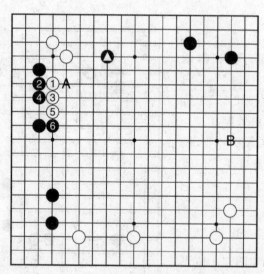

图 2－12－2

图 2－12－3，白不应在 A 位点而应到右边先占大场。即使黑❷飞攻左上角，白③压后再在白⑤尖顶，至白⑨，白角上已活，而且仍有出头，全局白不坏。

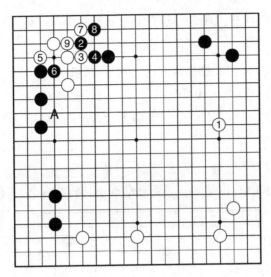

图 2 - 12 - 3

图 2 - 12 - 1 中黑❶冲后再黑❶断是强手！白棋苦战。白⑳长出，顽强！黑㉓单长是好手。

图 2 - 12 - 4，黑❶不在 3 位长而在 1 位打，随手！白②正好顺势逃出，白④曲后再白⑥跳，对应至白⑩，显然白好！

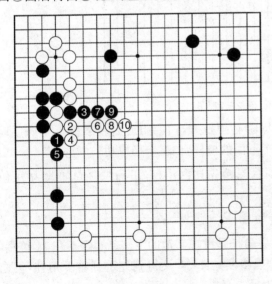

图 2 - 12 - 4

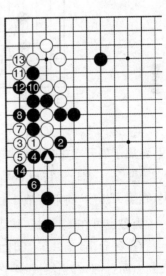

图 2 - 12 - 5

　　🈂 2－12－1 中黑㉕是经过精心计算的一手,妙棋! 白如向左曲其变化则如🈂 2－12－5。

　　🈂 2－12－5,黑在△位顶时白①拐下,黑❷扳后白③立是强手。以下是双方相互紧气,结果白少一气被吃。

　　可惜的是,🈂 2－12－1 中黑㉗太缓,给了白棋反击的机会。应按🈂 2－12－6进行。

　　🈂 2－12－6,黑❶不在 A 位退,而是紧紧贴住,白②只有长,黑❸再在左边挡,确保左边实空,白④尖。黑看轻△两子,到右边占大场,黑棋全局主动。

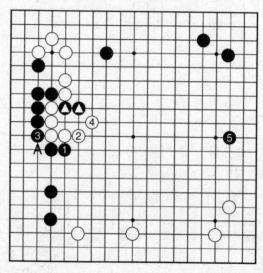

图 2－12－6

　　🈂 2－12－1 中白㊳后黑㊴必须打入,白㊵阻渡后就掌握了全局主动权,对黑子展开攻击的同时扩大了下面的模样,白棋布局成功!

　　🈂 2－13－1,黑对角小目,黑❺先挂白小目,正确! 白⑥如改为 A 位夹,则黑 B、白 C 将形成战斗。

　　黑❾也可在 13 位托,其变化如🈂 2－13－2。

　　🈂 2－13－2,白①挂时,黑❷托是重视实地的下法。黑❻不在 11 位跳,而到上面拆,白⑦当然扳,至白⑬黑棋实地不小,又得到先手到右下角挂,但白下角也得到了雄厚外势,这将成为另一盘棋。

　　🈂 2－13－1 中黑❾夹是积极的下法,白⑩托至白⑱扳,局部两不吃

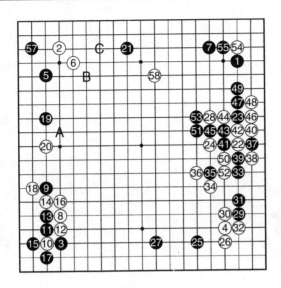

图 2 - 13 - 1

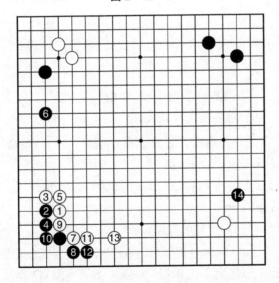

图 2 - 13 - 2

亏。如按一般定式,则如图 2 - 13 - 3 局面。

图 2 - 13 - 3,左下角是典型定式,但黑❾接后被白⑩在左上角飞压下来,黑棋下面厚势得不到发挥,黑棋不爽!

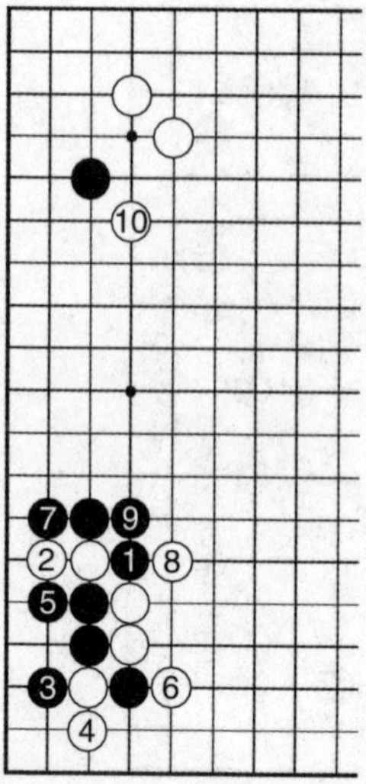

图 2－13－3

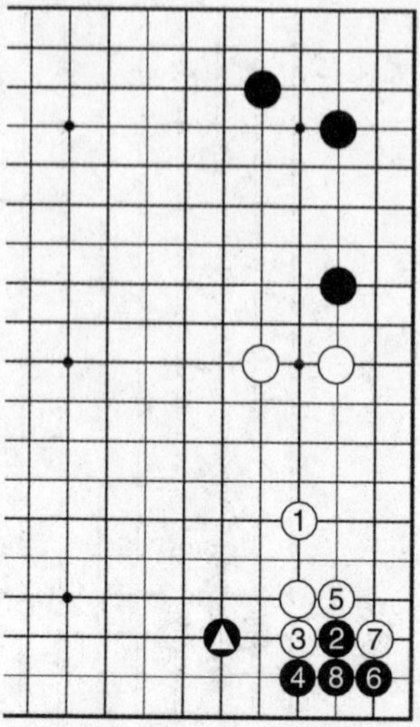

图 2－13－4

再看图 2－13－1，黑㉑是大场，白㉒不可省。黑㉓虽窄了一点，但还是两翼张开，而且为㉝打入做准备。白㉔关出，黑㉕挂，白㉖强手。如跳则黑即如图 2－13－4 所示点角。

图 2－13－4，黑▲挂时，白①跳，黑❷马上点三三，至黑❽是正常对应。虽不能说白不好，但全局黑棋实利较大。

图 2－13－1 中黑㉗拆二正常。白㉘镇有些过分，黑㉙马上抓住白棋破绽，点入。以下是双方骑虎难下的对应。

黑㊿长出，白52不能不长，黑53曲后黑棋厚实，白54托试应手，至白56形成白得实利、黑得外势的格局。

黑57搜根，白58打入，中盘战开始。

图 2－14－1，黑棋为对角小目，白④下到三三，现在较少见。黑❺守角，白⑥当然挂，黑❼二间高夹态度积极，黑❾大飞是趣向，白⑩反夹黑❼一子，正确！如在 14 位冲，其变化则如图 2－14－2。

图 2－14－2，黑❶大飞，白②冲，对应至白⑱接，角上虽然是两分，但黑棋先手，左边白棋外势受到限制，被黑点到了 19 位，白棋不爽！

图 2－14－1 中白⑩夹，黑⓫尖护角，白⑫和黑⓭交换一手是先手便宜。黑⓱接是本手。如改为 18 位跳，白即可 17 位断，黑不行。黑棋不急于逃黑❼

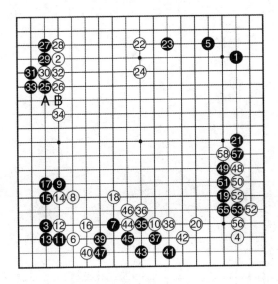

图 2 - 14 - 1

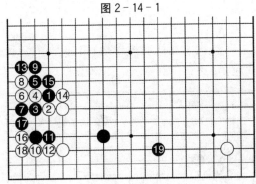

图 2 - 14 - 2

一子,正确!

🔲 2 - 14 - 3,白①夹时黑❷飞,企图逃出黑▲一子,白③压后再白⑤曲,黑棋棋形崩溃,而且白棋和右角◎一子正好成势。

🔲 2 - 14 - 1 中黑⓳挂是大场!白⓴拆是正应,黑㉑拆边,白㉒阻止黑两翼张开。黑㉓仍是大场,白㉔形成立体结构,黑㉕是剩下的唯一大场。白㉖压是为了发挥右边大模样。

🔲 2 - 14 - 4,黑❶挂时白②关,则黑❸点角,至黑⓫是正常对应。但白◎一子有重复之感,不能发挥多大作用。白棋不利!

🔲 2 - 14 - 1 中黑㉗仍点三三,如扳,其变化则如🔲 2 - 14 - 5。

107

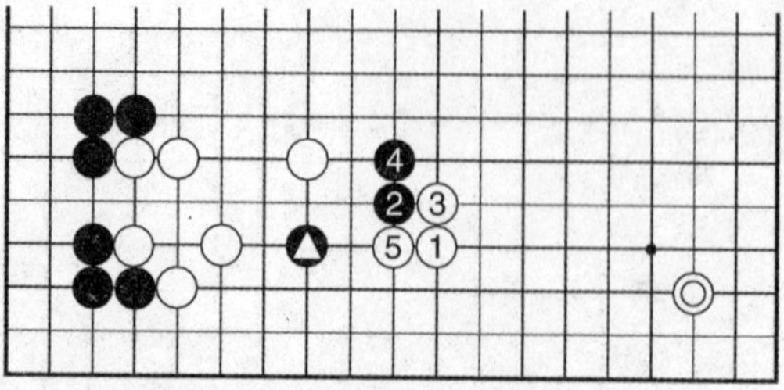

图 2－14－3

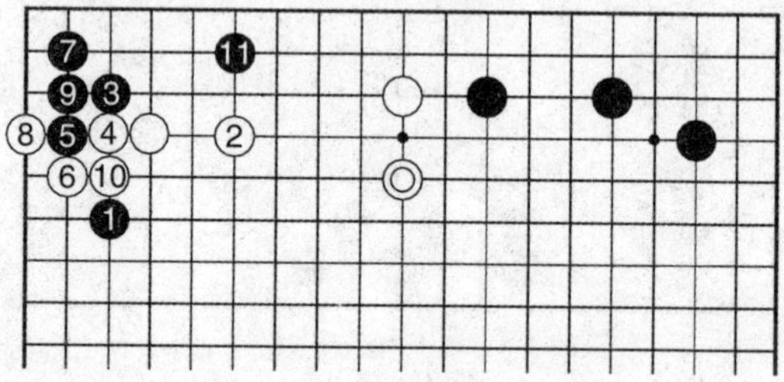

图 2－14－4

图 2－14－5，当白①靠压时黑❷扳，白③虎，对应至白⑦断，由于白有◎两子为援兵，作战应是白棋有利。

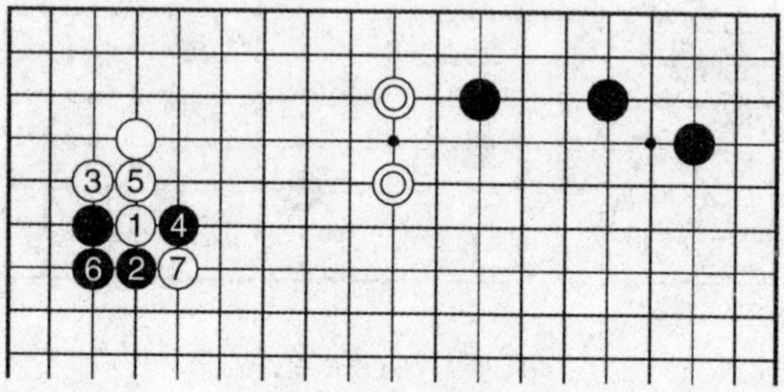

图 2－14－5

所以图 2－14－1 中黑㉗点三三，白㉘方向正确。黑㉝接是本手。如在A 位长，被白 35 位断，以后白在 B 位压有所借用。

白㉞关是和㉔相关联的好点，黑㉟碰正是时机，以求腾挪，白㊱是强手。

图 2－14－6，黑❶碰时白②长，弱！黑❸❺连扳，好棋！黑❾靠出后白棋大亏！

图 2－14－1 中黑㊼挡后活棋，获利不少。但白㊽得到先手，到右边打入，对应至黑㊼是常见打入之形。白㊿因征子有利，强行断开黑棋，中盘战斗开始！

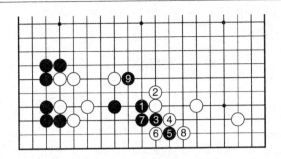

图 2 - 14 - 6

图 2 - 15 - 1,黑❶❸对角小目开局,黑❺低挂,白⑥二间高夹,积极!黑❼直接夹是趣向,如按定式则如**图** 2 - 15 - 2 局面。

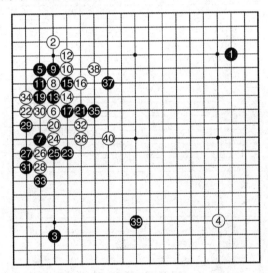

图 2 - 15 - 1

图 2 - 15 - 2,白①夹时黑❷大跳,以下是按定式进行。至白⑪黑棋先手成势,再于 12 位夹击白①一子。毕竟白棋上面获得实利不少,而且白⑨一子正对右角黑▲一子,这样黑▲一子得不到发挥,不能满意。

图 2 - 15 - 1 中白⑧肩冲,是很有想法的一手棋,白如在 9 位压则如**图** 2 - 15 - 3 局面。

图 2 - 15 - 3,白①压,黑❷扳至黑❺挡,由于黑有▲一子,所以黑❻托过,至白⑪拆是一般对应。

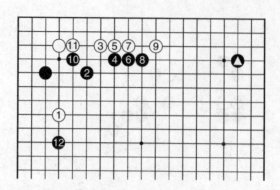

图 2-15-2

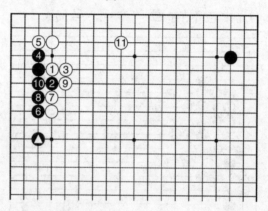

图 2-15-3

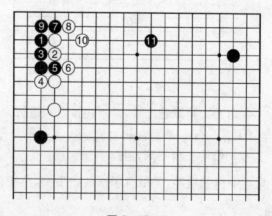

图 2-15-4

图 2-15-1 中黑❾冲,态度强硬! 如到角上托,则是图 2-15-4

局面。

图 2 - 15 - 4，黑❶托角，白②长，黑❸接时白④挡下，至白⑩，黑先手活角且得到 11 位拆，白棋外势也相当厚实，这是双方可以接受的下法。

图 2 - 15 - 1 中对应至黑⓳、白⓴长时黑㉑过强，应按 图 2 - 15 - 5 进行。

图 2 - 15 - 5，黑❶是本手，白②征黑一子，局部黑亏，但黑❸可以抢到上面大场，而且还有引征之利。全局仍然均衡。

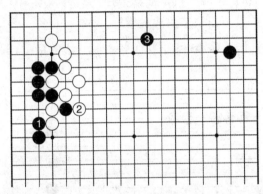

图 2 - 15 - 5

图 2 - 15 - 1 中，白⓴跳下阻渡，好手！黑棋很难找到好应手，黑㉓飞封，而黑㉗只好从二路打，都是不得已而为之。至白㉜靠出，黑棋也只有在 33 位吃白两子，被白㉞曲后，左上角黑子被吃，大亏！至此胜负已定。

图 2 - 15 - 1 中黑㉟只有无奈长出。

图 2 - 15 - 6，黑❶冲，无理！白②挡后黑❸断是并无胜算的一手棋。白④长后黑❺只有挺出，对应至白⑩接，黑棋

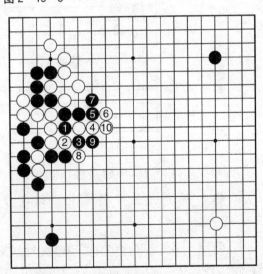

图 2 - 15 - 6

已崩溃。

　图 2－15－1 中,黑❸❸和白㊱ ㊳交换反而加强了白棋,黑❸是不得不点的要点,白㊵跳出后全局大优。

第四节 二 连 星

　二连星在现代布局中颇为棋手们喜爱,因为其具有一手即可占角、速度快、易于取势的特点,并且可以快速构成大模样。

　图 2－16－1,黑❶ ❸和白② ④各占同一边的星位,可能形成大模样对抗的布局。

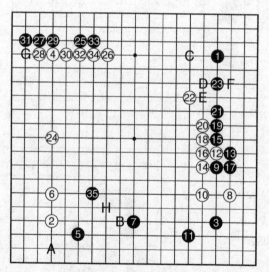

图 2－16－1

　黑❺挂角,白⑥跳,黑❼拆在下边展开,也有在 A 位飞或 B 位拆的。白⑧挂,黑❾一间高夹是一种变化。如在 17 位一间低夹其变化则如 图 2－16－2。

　图 2－16－2,白①挂,黑❷夹时白③点三三,黑❹挡,方向正确! 至黑❽飞起,是常见二连星布局之一,白得先手,还是两分。

　图 2－16－1 中黑⓫小飞守角是有计划的一手棋。白如按常规向角里

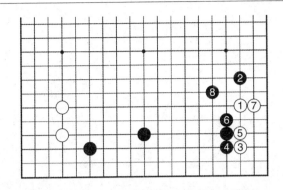

图 2 - 16 - 2

飞,其变化则如图 2 - 16 - 3。

图 2 - 16 - 3,白①向角里飞,黑❷不在 5 位尖而到上面尖顶。至白⑦,由于黑▲一子位置比 A 位好,所以可以脱先到上面 8 位大飞守角。

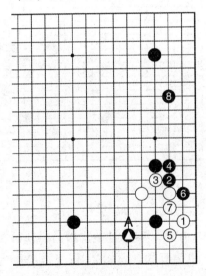

图 2 - 16 - 3

图 2 - 16 - 1 中白⑫靠是特殊手段,很少见到。黑❸扳,白⑭反扳,黑❺打后,白⑯接。其中黑❸如改为立下其变化则如图 2 - 16 - 4。

图 2 - 16 - 4,黑❶立下是对白◎一子最强的应手,白②扳,黑❸断,强手!白④针锋相对,挡下。至白⑧,黑棋由于征子不利,所以不能成立。

图 2 - 16 - 5,黑❶如改为上长,白②即下扳,黑❸断,白④先打一手后再

113

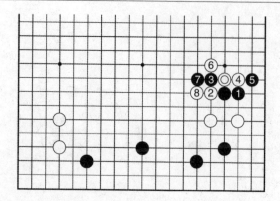

图 2 - 16 - 4

6 位挡下,白⑩长后黑棋不行。

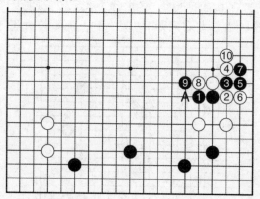

图 2 - 16 - 5

黑❾如改为 10 位打,白即 A 位扳,黑仍亏。

图 2 - 16 - 1 中的白㉒飞起,黑㉓跳后白棋获得相当外势,黑棋也得到实利。黑㉓如下到 C 位更为有利。白如 23 位飞下,黑可 D 位靠,白 E 黑 F 位夹可以渡过。

白㉔大场,黑❷挂,白③夹均为正应。以下至白㉞接,黑棋先手在 35 位飞起,是双方消长要点,至此进入黑棋步调,黑在 G 位曲出,白即占 H 位大场。

至此双方均有一定规模。下面将开始中盘战!

图 2 - 17 - 1,白② ④用星、小目对抗黑棋二连星,也是常见的布局。

黑❾向中腹大跳是重视腹地的下法,白⑩分投是不想让黑棋在右边成为大模样。黑⓫是和黑❾相关的一手棋,如到左边拦下,其变化则如图 2 - 17 - 2。

114

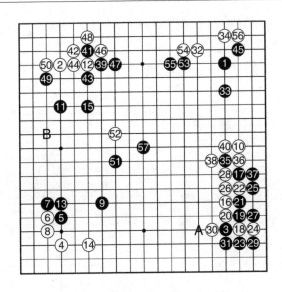

图 2 - 17 - 1

图 2 - 17 - 2,黑❶到右边跳下拦,也是一种下法。白②扳至黑❺长后,白⑥到右边拆兼挂,这将成为另一盘棋。

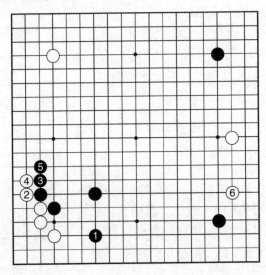

图 2 - 17 - 2

图 2 - 17 - 1 中至黑⓯,黑在左边构成大模样,是日本武宫正树的"宇宙流"下法。

白⑯到右下角高挂是为防止中间黑棋成空,如黑在 A 位应,则白棋在下角⑭一子正好发挥作用。

黑⑰夹是针锋相对的一手棋。白是不愿下成图 2 - 17 - 3 盘面的,所以白⑱托角。

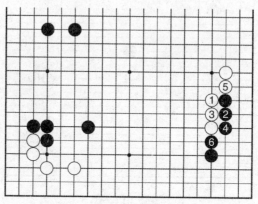

图 2 - 17 - 3

图 2 - 17 - 3,白①压正是黑所期望的一手棋,黑❷长,至黑❻顶黑角部获利太大。左边又有黑棋势力,白棋外势得不到充分发挥,当然不能满意!

图 2 - 17 - 4,白◎一子托时黑❶内扳正中白意,经过白②黑❸的交换,白④再压,黑棋明显亏了。

图 2 - 17 - 1 中黑⑲扳后双方对应有点像小目高挂一间低夹定式。

白㉜应在 37 位吃黑一子,局面才平衡。现到右上角挂。黑㉟抓住时机扳出,到黑㊳引征得利。白㊵不能不提,黑㊶㊸扳打,痛快!黑㊼长出后左边模样得到扩张,贯彻了当时黑❾ ⓫ ⑮的意图。

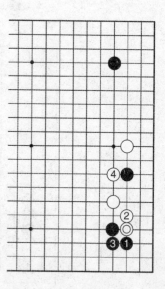

图 2 - 17 - 4

黑㊺大! 在下面白棋厚势下安定自己最是关键。

黑㊶正是围空好点。

白㊼消空有点为难。如在 B 位打入则是一场生死大战。

黑㊾㊺先在上面加强势力,白㊼也是不得不下,如被黑在此挡下,白棋要为死活花大气力。

黑**⑤⑦**飞罩,中盘开始。全局黑棋主动!

图 2－18－1,白②④以二连星对黑二连星,黑**⑤**挂至黑**⑬**小飞是常见布局。白⑭尖后黑**⑮**守角,这样黑**⑬**位置正好!所以白⑭应按图 2－18－2进行。

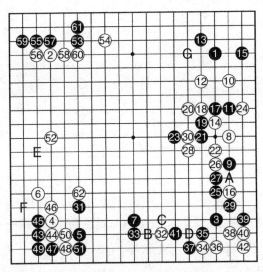

图 2－18－1

图 2－18－2,黑**△**小飞时白①向角里飞入,黑**④**只有拆,白⑤再跳起,比实战要占便宜一些。

图 2－18－1 中的白⑯本应在 17 位压,为寻变化所以到右下角挂,黑**⑰**马上出动,有点过急。应如图 2－18－3进行。

图 2－18－3,黑**❶**压是试探白棋如何定形,再决定自己战斗方针。白②是以取角上实利为主的选择。黑**❸**打后再黑**❺**退,以下至白⑩挡。黑棋取得先手,到 11 位冲出,白⑫扳,黑**⑬**断,显然黑棋有利。

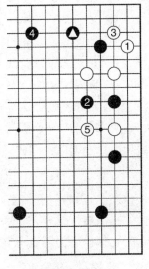

图 2－18－2

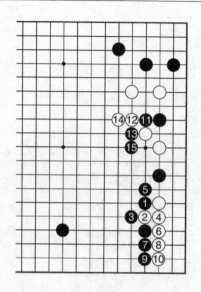

图 2 - 18 - 3

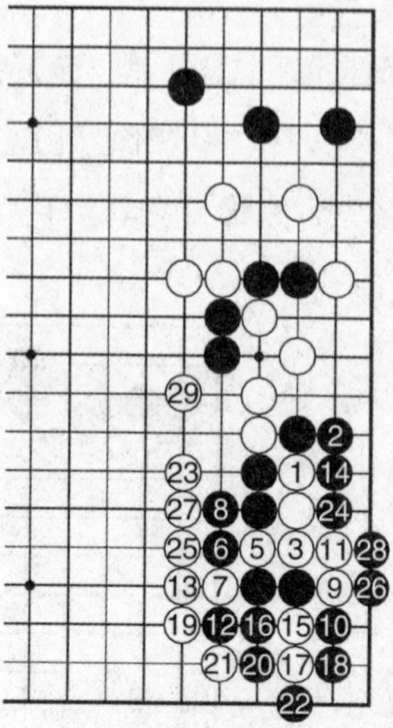

图 2 - 18 - 4

❸ 2－18－1中白⑱当然要扳,黑⑲断,双方骑虎难下,至白㉔是好手筋。黑㉗顶也是局部强手,如 A 位退,则白可 27 位断,白稍便宜。

白㉘软弱,应于 A 位断,其变化见 ❸ 2－18－4。

❸ 2－18－4,白①断,一般黑要在 2 位立下抵抗。白③以下是双方不能退让的下法,白棋利用弃子至白㉙形成厚壁,全局大优。

❸ 2－18－1中,黑㉛跳起虽是常形,但有点虚,应在下边补坚实一些。

白㉜抓住机会马上打入,黑㉝应在 B 位尖顶,白 C 长后,黑 D 位飞将白棋赶向中间,加以攻击,掌握主动。

白㉞,好! 黑㉟是最强抵抗。

黑㊴过分,应于 41 位虎补,但白㊵放过了时机。应如 ❸ 2－18－5进行。

❸ 2－18－5,白①应挤入,由于黑有 A 位断点,黑❷只有接上,白③曲,黑❹接上后白⑤再活棋。这样差一手棋,白棋占便宜! 白⑤脱先他投后白还有 B 位夹的好手。

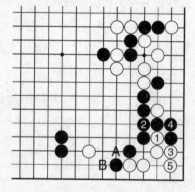

图 2 - 18 - 5

❸ 2－18－1中,黑㊸得到先手到左下点角,黑㊼扳时白应在 E 位拆二。

黑㉑也不是好棋，应在 F 位尖，而谱中白㊽ ㊿占了便宜。

黑53挂角后，白54一间低夹以下是定式。白62靠想扩大左边，不好！应在 G 位尖冲。

至此进入中盘是双方可下的局面。

图 2 - 19 - 1，黑❶至白⑩是二连星对二连星的常见布局，黑⓫立不多见。一般应按图 2 - 19 - 2 进行。

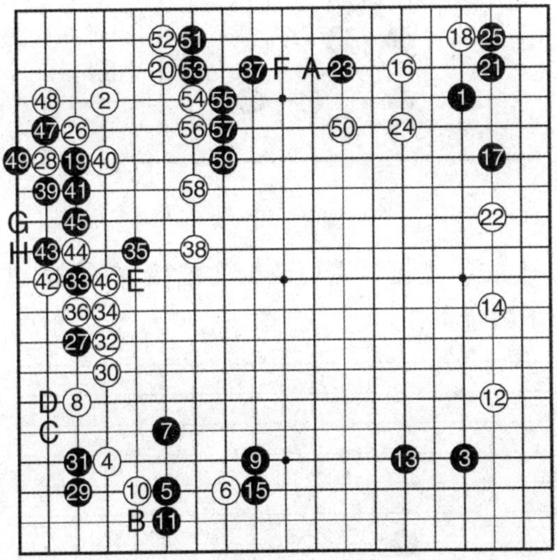

图 2 - 19 - 1

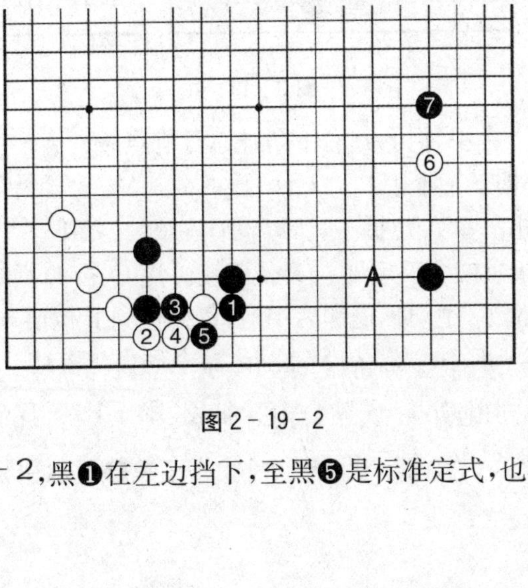

图 2 - 19 - 2

图 2 - 19 - 2，黑❶在左边挡下，至黑❺是标准定式，也有不做白④、黑❺交换的。

白⑥得到先手到右下角挂,黑❼一间低夹,将下成另一盘棋。

图 2 - 19 - 3,黑⬤立时白①应马上挺出,是对付黑⬤立的最强应手。黑❷扳,白③断,有力!黑❹如挡下白⑤打,至白⑬跳后,白棋充分可战。

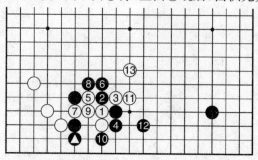

图 2 - 19 - 3

图 2 - 19 - 4,白①上挺时黑可改为 2 位挡,白③扳,黑❹渡过,白⑤长,黑❻跳和角上⬤一子配合不坏。

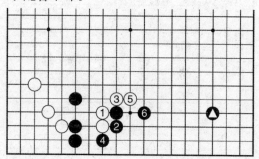

图 2 - 19 - 4

图 2 - 19 - 1 中,白⑫到右下角挂总觉有点缓。

白⑭拆,黑⓯挡下是本手。

黑㉓是不愿让白在 A 位拆二,所以没有在 25 位挡下。

白㉚尖是希望黑应一手后即在 B 位阻渡。黑 C、白 D 后,黑两处均不安定。

白㉜若在 E 位镇,主动!逼黑后手活,可抢占到 F 位要点。

至白㊱冲,落了后手,被黑在 37 位拆二,全局白棋落后。白㊳马上强攻,黑㊴扳是腾挪好手。白㊵如在 41 位打则有如 图 2 - 19 - 5 的变化。

图 2 - 19 - 5,白①断,黑❷长,白③打至黑❽跳出白棋已不能再进一步攻击黑棋了。

120

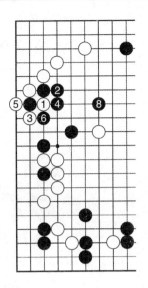

图 2 - 19 - 5

图 2 - 19 - 1 中至黑❹提白一子后虽有白 H、黑 G 的劫争,但白棋也有一定负担,所以黑棋暂时不用担心。

白❺镇,黑❺飞后就地做活。以下至黑❺将入中盘战斗,全局黑稍优。

图 2 - 20 - 1,黑❺到左下角二间高挂也是一种趣向,白可一间夹,或 A

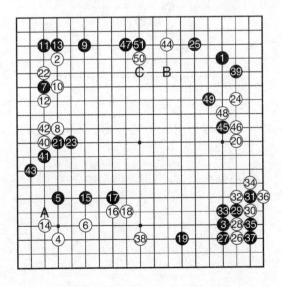

图 2 - 20 - 1

位小飞应,在 6 位飞也是一种下法。白如脱先黑有以下几种下法。

图 2-20-2,黑△二间高挂,白如脱先,黑❶即托角,白②扳,黑❸断,以下对应至白⑫提,应是两分结果。

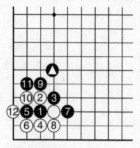

图 2-20-2   图 2-20-3

图 2-20-3,白⑥挡时黑❼曲打,有些过分,白⑩好手! 至白⑳尖出,角上劫争,黑重白轻,黑棋不利。

图 2-20-4,也有黑❶不托而碰的,白②扳,黑❸反扳,至白⑩长仍是两分。

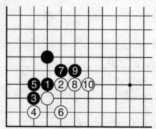

图 2-20-4

图 2-20-1 中黑❾反夹是看轻黑❼一子,也可跳出,则有如图 2-20-5 的变化。

图 2-20-5,黑❶跳出,以下至黑❺是按定式进行,这样对黑△一子有所照应。

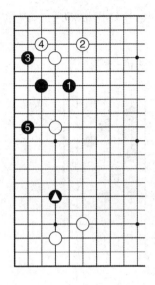

图 2 - 20 - 5

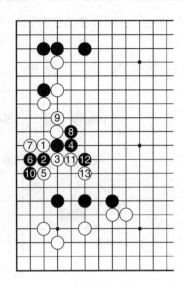

图 2 - 20 - 6

图 2 - 20 - 1 中的白⑩压方向正确,抢得先手在 14 位尖,威胁黑❺一子。黑⓯ ⓱和白⑯ ⑱交换,白得到一定实利。黑虽稍亏但抢到黑⓳好点,所受损失得到一定弥补。

白⑳分投,黑㉑碰,是为了借白棋薄弱的地方处理好左下边孤棋。

白㉒稳健,也可以如 **图** 2 - 20 - 6 进行。

图 2 - 20 - 6,白①扳是最强对应,黑❷针锋相对,白③打,黑❹长,以下双方各不相让,至白⑬,两边白棋都不会被吃,可以一战!

图 2 - 20 - 1 中,白㉔先在右上角挂,再到右下角点三三,至黑㊲,黑棋以取实利为主,正确!如取势则白棋外面没有孤棋可攻,黑也下不成大模样。

黑㊸是防白夹,好手!

图 2 - 20 - 7,白①夹是常用手段,黑❷立阻渡,白③长,黑❹只有接,白⑤后黑棋被分开,而且眼位也不足,黑棋显然不利。

图 2 - 20 - 1 中黑㊼缓了一点,应进一

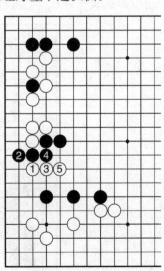

图 2 - 20 - 7

123

路,在51位逼,白㊽、黑㊾、白B位跳,黑C位跳,这样白棋将逃孤,现在宽一路,白有了余地。

白㊽也嫌缓了一些,应当如图2－20－8进行。

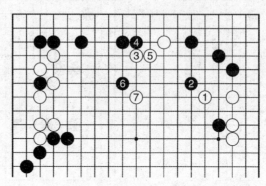

图2－20－8

图2－20－8,白①跳起,黑②拦不让白上下有联系,白③至白⑦,白棋处理孤子时比较容易一些。

图2－20－1中,白㊿飞起后,黑㊿搜根,开始了中盘战斗,黑棋稍主动。

图2－21－1,二连星对二连星,至黑⑮跳后,一般白⑯会在17位挂,其变化如图2－21－2所示。

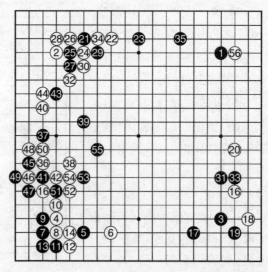

图2－21－1

图 2−21−2,黑❶一间低夹时白②反挂,以下为定式,这个结果白不坏。

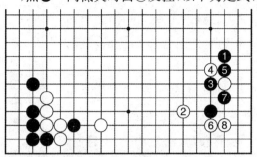

图 2−21−2

图 2−21−1中黑㉑得到先手到左上角挂,白㉒夹时黑㉓反夹,白㉔压,黑㉕挖,至黑㉛引征,白如应则如**图** 2−21−3进行。

图 2−21−3,黑❶引征,白②挡应,黑稍损。但左上角的黑❸可以打,白④只有求渡过,黑❺提白一子,白⑥必飞,黑❼顽强扳下,白⑧挤时黑❾开劫,此劫黑轻白重,而且左下黑有充足劫材可以一战!

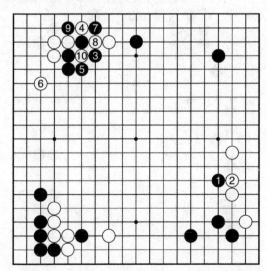

图 2−21−3

图 2−21−1中,至黑㉝形成转化,应是白棋局部稍好。但全局黑棋配合也不坏! 白㉞补之后黑㉟拆,白㊱夹,黑㊲打入,白㊳大飞黑㊴飞出,轻灵!

如拆二其变化则如图 2 - 21 - 4。

图 2 - 21 - 4，黑❶拆二，白②即飞压，再白④长，由于白 A 位立后对上下黑棋均构成威胁，黑苦！

图 2 - 21 - 1 中的白㊵当然要拆，黑㊶顶至白㊻断时黑可按图 2 - 21 - 5 在外面打。

图 2 - 21 - 5，黑❶顶，白②冲下，黑❸曲，至白⑥立，黑棋弃去角上数子得到先手到右上角小尖守角，全局不错！

图 2 - 21 - 1 中黑㊺飞起后，白㊻到右上角碰，进入中盘，全局黑稍优。

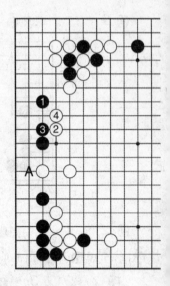

图 2 - 21 - 4

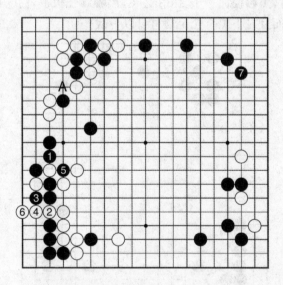

图 2 - 21 - 5

第五节 三 连 星

三连星布局是由吴清源大师和木谷实大师作为"新布局"总结而首倡的。

三连星布局偏于取势较难把握,但现代布局重视中腹,要求速度。而三连星布局正好因其变化较少,能尽早地进入中盘,可以大模样作战,引诱对方打入,再通过攻击,以达到局面主动,所以也为不少棋手所喜爱,尤其为日本棋手武宫正树所偏爱,发展成为"宇宙流"布局。

🉐 2 - 22 - 1,黑棋❶ ❸ ❺连续占据同一边的三个星位,即为三连星布局。

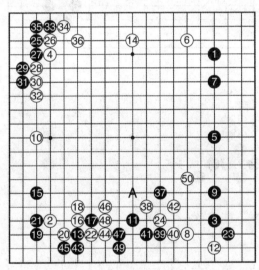

图 2 - 22 - 1

白⑥挂再到下面 8 位挂后于 10 位占左边大场是白棋追求速度的下法,黑❶再点下边星位,也被称为"四连星"布局,同时夹击白⑧一子。也有在角上尖顶的,则其变化如🉐 2 - 22 - 2。

🉐 2 - 22 - 2,黑❶尖顶,白②拆,黑❸只有扳,因为此处如被白挺起是好形。白④即抢占上面大场,将是另一盘棋。

黑❶尖顶时白如在 3 位挺,黑即于 2 位夹,黑好!

🉐 2 - 22 - 1 中,白⑫飞角,而黑❸斜拆兼挂角。白⑭依然到上面抢占大场。

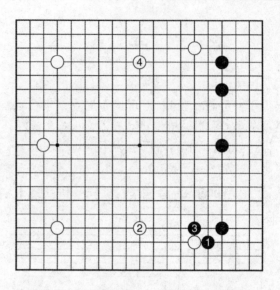

图 2-22-2

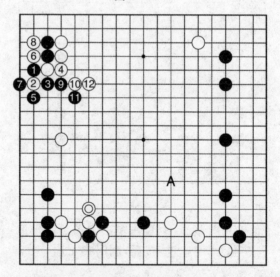

图 2-22-3

黑⓯"双飞燕",白⓰至白㉒是简明下法,黑取实地,白得外势。但黑得到先手。

黑㉕点三三是当然的一手,而白㉚长嫌缓,应如 图 2-22-3 进行。

图 2-22-3,黑❶扳时白②应下扳,以下至白⑧得到了角部。白⑫后大

致黑将在 A 位镇 。由于白有◎一子硬头,所以左边一子白棋不怕攻击。

图 2－22－1中至白㊱虎后盘面上黑满意。黑㊲镇是轻灵好手,如于 A 位逃,则白即于 37 位大跳,攻击黑棋。黑棋也可如图 2－22－4进行。

图 2－22－4,黑❶立下,白②并是为防黑在 A 位长出。黑❸飞以搜白棋的根。白④尖顶,黑❺顶后白很为难。

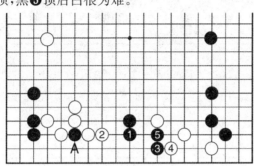

图 2－22－4

图 2－22－1中,白㊳尖,黑㊴托要求生根,白㊷不得不虎补,黑㊸立下,白㊹长,黑㊺曲回。白棋㊻枷吃黑⓱一子,缓手! 应如图 2－22－5进行。

图 2－22－5,黑❶立下时白应 2 位打,黑❸曲,白④提,结果白棋比实战厚实。

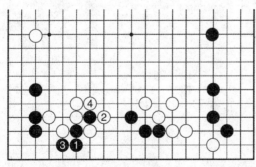

图 2－22－5

图 2－22－6,白②打时黑❸如因征子有利而逃出,白即弃去左边四子,白⑫挺起后黑棋中间三子已被吃。局面形成转换,白不坏!

图 2－22－1中,黑㊼马上尖顶,白㊽还要再补上一手,黑㊾立下后或可渡过,或可活棋,黑棋成功! 白㊿飞出便开始了中盘战,全局黑优!

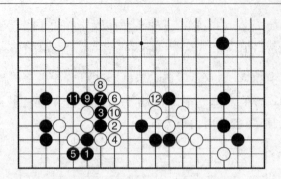

图 2-22-6

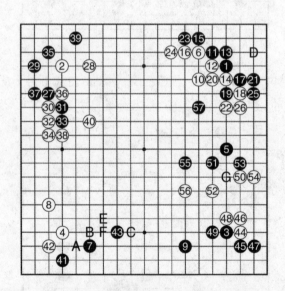 2-23-1，白②④二连星对抗黑三连星。在现在以小目为主的布局时代比较少见。

图 2-23-1

白⑥挂，黑❼❾是重视下面实利的下法。白⑩如在 A 位尖顶，则黑 B 长，白 C 位夹，黑❾一子就正好发挥夹击作用。

所以白⑩到上面关出抢占制高点。黑⓫尖顶，白如立下其变化则如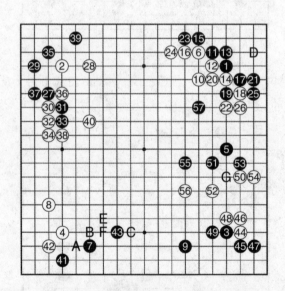 2-23-2。

 2-23-2，黑❶尖顶时白②立下，正合黑意！黑❸可以拆二，白④靠是想在角上有所突破，但对应至黑⓭，由于有了黑❶、白②的交换，白无机可乘。

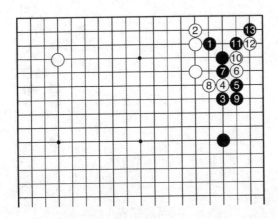

图 2 - 23 - 2

图 2 - 23 - 3,白①如改为在上面扳,黑❷当然挡住,白⑦用强,但黑❽❿顽强应战,结果黑⓰打后白棋崩溃。

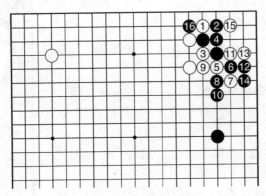

图 2 - 23 - 3

图 2 - 23 - 1 中白⑫挤是强手,以下对应至黑㉑立,是双方正应。黑㉑如用强,其变化则如图 2 - 23 - 4。

图 2 - 23 - 4,黑❶长出,过强!白②打至白⑥跳下,上面四子黑棋被吃,黑大亏!

图 2 - 23 - 1 中,黑㉕打不可省,否则白在此挡,不仅消除了黑棋的引征,而且以后有 D 位点的余味。

白㉖长后,右边战斗告一段落,全局演变为黑棋实地和白棋外势的对抗。

黑㉗到左上角挂,白㉚碰是现在很流行的下法。白㉞退是瞄着 36 位断点。如

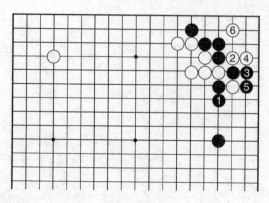

图 2-23-4

按一般下法则如图 2-23-5。

图 2-23-5,白①路扳,是定式,对应至黑
❽,A 位断点对白来说已无意义了,白⑤并后和下面
白棋均在三线,又有重复之感。白不爽!

图 2-23-1 中黑㉟弃去两子,至黑㊴飞仍是
以夺取实利为主。

白㊵补后黑㊶再取实利。

白㊷缓手,应于 E 位飞出,或 F 位肩侵。继续扩
张上面模样。

黑棋占到 43 位,既发展自己又限制了白棋的扩
张。白㊹是剩下的唯一大场。

白㊿应高一路在 G 位夹,被黑㉛尖顶后白棋被
分割开。黑棋反而掌握了主动权,至黑㊼,中盘开始,
黑优!

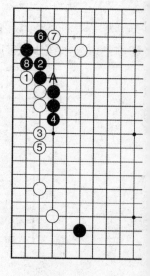

图 2-23-5

图 2-24-1,黑❺❼和黑❾先到左边白角下三手后再回到右边 11 位,
仍为三连星布局,是一种取向。

白⑩小飞是经过思考的一手棋,如在 31 位关,其变化则如图 2-43-2。

图 2-24-2,白①如关出,黑就不会到 A 位下三连星了,而是到左上角
2 位虎,按定式进行。黑❹的箭头正好指向白棋的空隙。

图 2-24-1 中白⑫夹击,黑⓭从背面夹击是以三连星为背景,如向角
里小飞,则有如图 2-43-3 的变化。

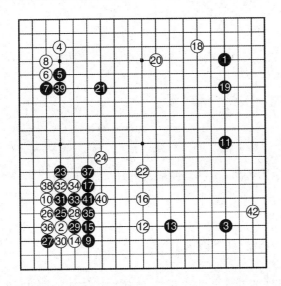

图 2 - 24 - 1

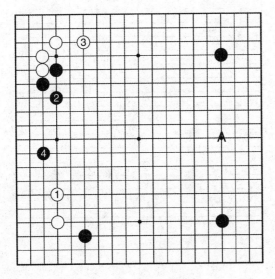

图 2 - 24 - 2

图 2 - 24 - 3,白◎夹击时黑❶向角里小飞,白②尖,黑❸只能拆一,虽是一法,但觉太顺白棋意图行事了,有点缓。

图 2 - 24 - 1 中的白⑭当然要尖顶,因为有了黑❸一子就不能再让黑棋向角里飞了。

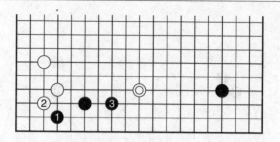

图 2 - 24 - 3

黑**⑰**轻盈,白⑱转向右上角,也是一种趣向。如果在 22 位跳。则会形成如图 2 - 24 - 4 的变化。

图 2 - 24 - 4,白①再在中间跳,黑**❷**如飞下,则白即 3 位立下,确保角部,而且瞄着黑棋薄味,应是白棋不错。

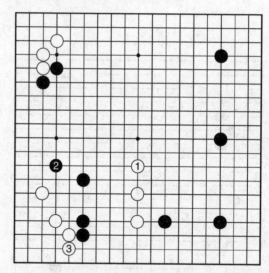

图 2 - 24 - 4

图 2 - 24 - 1 中白⑱挂时黑棋如脱先到中间 22 位镇则如图2 - 24 - 5。

图 2 - 24 - 5,白◎在右上角挂时,黑于中间 1 位镇,白②跳,黑**❸**必须补边,白④靠出,至白⑩白棋进入了黑棋三连星的阵中,同时还有 A 位冲击黑棋薄味的好点。黑棋布局不成功!

图 2 - 24 - 1 中的黑**㉑**是贯彻三连星的宗旨,白㉒跳出,黑**㉓**飞下,白㉔

134

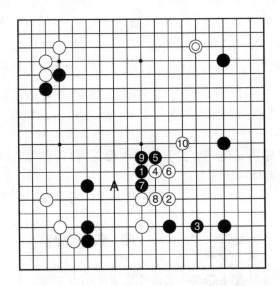

图 2-24-5

飞攻,这也是个人风格。一般可以按 图 2-24-6 的顺序进行。

　　图 2-24-6,白①可以在左下角立下,确保角上实利。黑❷围中间大空,白③ ⑤扳长,仍以实利为主。白⑦限制黑三连星的模样,同时也安定了本身。这将成为另一盘棋了。

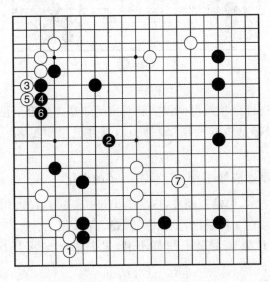

图 2-24-6

图 2 - 24 - 1 中黑㉕靠后再黑㉗点三三,变化比较复杂。至黑㊶白得角,黑得外势也不坏。布局应是两分。

白㊷是所谓"二五"侵分,是盘面上最后大场。中盘战即将开始。

图 2 - 25 - 1,白②④向小目对抗黑三连星,黑❼高挂。白⑧不在 A 位是避免黑棋下"雪崩型"以配右边三连星,所以拆一,是重视实利的下法,但稍缓。

黑❾托至黑⓭拆是定式。白⑭挂时黑⓯夹,白⑯点三三,黑⓱挡,方向正确! 是在贯彻大模样的原定方针。

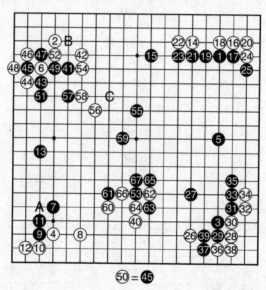

㊿=㊺

图 2 - 25 - 1

白⑳立也是在针锋相对贯彻以实利对抗的原意。黑㉕是强手。

白㉖挂角,黑㉗是古代所谓"镇神头",现在已很少见到,这是黑棋独特的下法。

黑如改为夹则形成如图 **图** 2 - 25 - 2 的变化。

图 2 - 25 - 2,黑❷二间夹,白③关出,白⑤飞角后再白⑦跳出。

又如黑❷直接在 4 位跳出,则白⑤、黑❻、白 A 位飞。

这两个结果对黑棋发展中间都不利,尤其右上角黑棋。白棋还有后续手段。

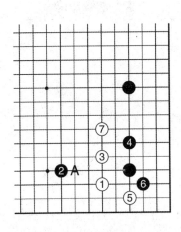

图 2 - 25 - 2

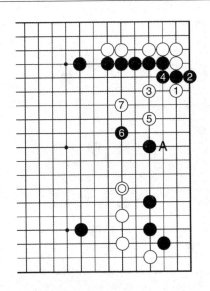

图 2 - 25 - 3

❸ 2 - 25 - 3,白①有夹的手段。黑❷立下阻渡,至白⑦跳出,白还有 A 位托以求腾挪的下法,且白◎一子正好限制了黑棋。

❸ 2 - 25 - 1 中的白㉘如向外飞出,则形成如 ❸ 2 - 25 - 4 的变化。

❸ 2 - 25 - 4 白①飞,黑❷马上尖顶,白③长顶,黑❹挡,白⑤虎,黑❻长,这样右边成为大模样。白棋不满。

所以 ❸ 2 - 25 - 1 中的白㉘点角,黑㉙也可换个方向挡,其变化如 ❸ 2 -25 - 5。

❸ 2 - 25 - 5,白①点角时黑❷在上面挡,白③长,黑❹长,到黑❻跳出,形成了大模样,白将在 A 位一带浅消黑模样,这将是一盘漫长的棋。

❸ 2 - 25 - 1 中至黑㊴位接,是双方必然对应。白㊵是双方必争大场。

黑㊶到左上角镇也是配合右边形势,白㊷飞是防黑 B 位靠下,黑必然到另一面靠下,白㊹扳,黑㊺扭断是常用腾挪手法。黑㊼好手,利用弃子抢到了 53 位镇的好点。

白㊽如在 57 位点,黑可在 C 位扩大右边模样,所以白㊽不得不浅削。

以下黑㊱靠至㊼接是争取定形。黑棋中间已围成庞大地域,应是黑优的局面。

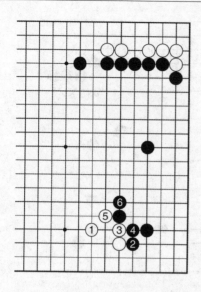

图 2 - 25 - 4   图 2 - 25 - 5

图 2 - 26 - 1,黑❼到左下角挂后到右下角小飞守角,少见! 白⑩点角,稳健! 至白⑯拆可能成为一盘持久战的局面。

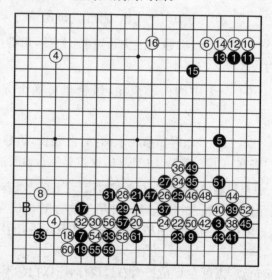

图 2 - 26 - 1

黑⓱跳起,是最大限度地扩张,有气势!

白⓲尖顶,黑⓳立后白⓴必然要打入,有胆识! 在 A 位打入也是一法。

黑**㉑**是所谓"实尖虚镇"的典型下法。如在 24 位夹,白即 21 位跳出,左边三子黑棋反将被攻击。

白**㉒**以下尽力腾挪。白**㉚**刺时黑如接上则会形成如 **图** 2－26－2 的变化。

图 2－26－2,白①刺,黑❷接上,白③断,因有白①一子,黑只有 4 位退,否则被吃,白⑤到右边打后冲出,黑棋被冲破。

图 2－26－1 中黑**㉛**应如 **图** 2－26－3 进行。

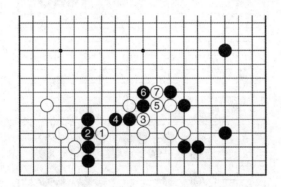

图 2－26－2

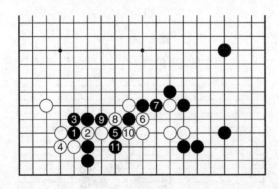

图 2－26－3

图 2－26－3黑❶挤是手筋,是所谓"盲点",往往容易疏忽。白②打,黑❸接上,白④当然也只有接上。黑❺鼻顶,是黑❶挤时预定的手筋。白⑥断,至黑⓫立黑棋下边已得到相当实惠。白虽提得一子,但眼位仍然不足,将受到攻击,黑优!

图 2－26－1 中白⊗托角以求腾挪,黑❸、❹毫不手软。而白⓲在关键时却是失误,应按 图 2－26－4 进行。

图 2－26－4,白应在 1 位立下,黑❷长,以下白③至白⑦均为先手,黑❽必接上,白⑨打后再 11 位靠下,白棋可得到腾挪。

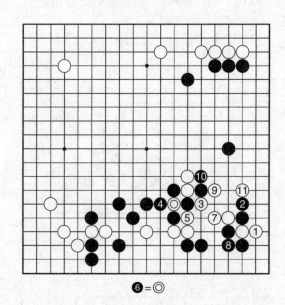

❻＝◎

图 2-26-4

图 2－26－5,白①立时,黑❷接,白③打,白棋可得到安定,充分可战。

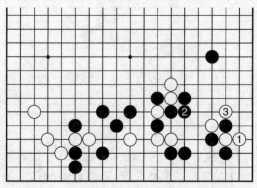

图 2-26-5

140

图 2-26-1 中白⊕又是滞重的一手棋,应按图 2-26-6 进行。

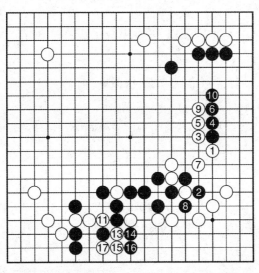

图 2-26-6

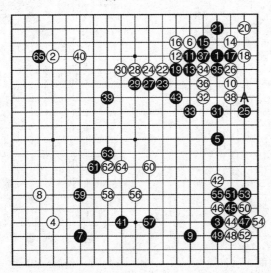

图 2-27-1

图 2-26-6,白①应于右边碰,这样灵活处理才是正着。黑❷打是解征子,以下对应到黑❿后白⑪先手到右下角吃下黑三子,白可一战。

而图 2-26-1 中白棋被黑๑点后又趁机点了 53 位,以后白棋在右下求活,而黑棋左下角还有 B 位活角的手段。全局黑优!

图 2-27-1,白⑩不在 14 位点三三,而用"双飞燕",黑❶虎,白一般在 17 位长回,黑 16 位打。而现在白⑯接,虽是定式但在这种情况下有点过分。

白⑱扳,黑如扳,其变化则如图 2-27-2。

图 2-27-2,白①扳时黑❷❹扳粘,白⑤渡过,这在让子棋中尚可,但在分先棋中黑棋实利受损,不行!

图 2-27-1 中黑❶曲,白⑳做活,黑㉑阻渡,白㉒就不能不扳了。

黑㉕是搜根的下法,白㉖好!如抢先手在 A 位尖补,则会形成图 2-27-3 的变化。

图 2-27-3,白①尖以为黑❷应后已活,仅白①和黑❷交换白棋已经亏了,而且黑有 4 位托的好手,至黑⑱白成劫活,此劫黑棋几乎没有任何损失,白不行。

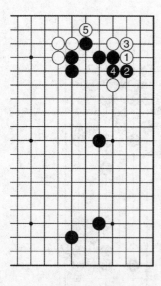

图 2-27-2

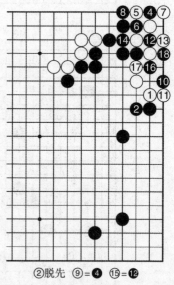

②脱先 ⑨=❹ ⑮=⓬

图 2-27-3

图 2-27-1 中黑㉛是缓手,应按图 2-27-4 进行。

图 2-27-4,黑❶先在右角和白②交换一手,再到右边黑❸飞罩,白角尚未净活,须补一手。黑好!

图 2-27-1 中黑㉛位跳时被白抓住时机,白㉜至㉞加强了角部。

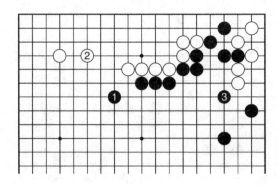

图 2 - 27 - 4

黑❹补边,白㊷打入,黑❹补也是无奈,如对白㊷加以攻击,其变化则如 **图**
2 - 27 - 5。

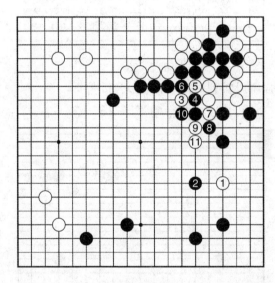

图 2 - 27 - 5

图 2 - 27 - 5,白①打入时黑❷镇,白③即于上面跳,对应至白⑨长出
后,黑棋没有好点攻击白棋,而右边四子黑棋有不少漏洞,自顾不暇。故白可
一战。

图 2 - 27 - 1中白㊹托角,黑❹扳,白㊻纽断,至白㊿先手活角,从容到
56 位轻吊,中间白已处理好了,全局白棋形势领先。

黑❻到角上另开战场,中盘战开始。

图 2－28－1,白⑥挂黑❼尖起是趣向,意是重视中腹。

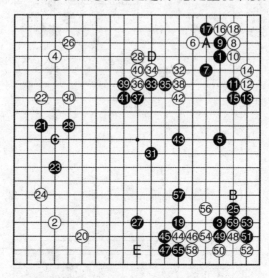

图 2-28-1

白⑧点角是强调以实利对抗,当然也可 28 位拆。

黑❾如在 10 位挡,其变化则如**图** 2－28－2。

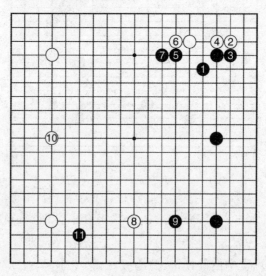

图 2-48-2

图 2－28－2,白②点三三时黑❸在另一面挡,白④爬时,因为有了黑❶

一子即黑❺飞压,白⑥只有长一手,黑❼长,白⑧得到先手可抢占下面大场。黑
❾拆二是为了发展右边大模样。白⑩两翼展开,黑⓫挂,就成了另一盘棋。

　　图 2－28－1 中白⑱接时黑不会在 A 位接,而到下面占大场。黑⓳如在
27 位拆,白即在 B 位打入。

　　白⑳守角,也可在左边 C 位连成一气,如图 2－28－3 进行。

　　图 2－28－3,白①在左边形成三连星,和右边黑棋对抗。黑❷挂角后又
到上面 6 位再挂。其中白⑤是双方扩张要点。

　　至白⑨挡下是双方均可接受的另一盘棋。

　　图 2－28－1 中的黑㉑分投是大场。白㉒逼时黑㉓从和右边呼应要比
拆二好。

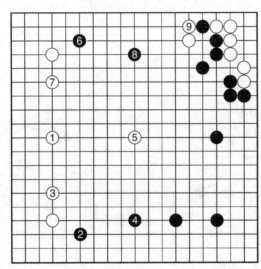

图 2－28－3

白㉘应如图 2－28－4 进行。

　　图 2－28－4,白①飞起欺负一下两子黑棋,同时扩大了上面模样,黑❷
跳下,如被白在此飞,黑苦! 有了白①一子白③再占上面大场。而左边三子黑
棋还未活净,白有利用的空间。

　　图 2－28－1 中黑㉙马上跳起补强了三子。

　　黑㉛得到先手到中间围空,而白㉜却是缓手,应如图 2－28－5 进行。

　　图 2－28－5,黑❶在中间大围时,白②马上侵削,黑❸仍然护空,白④关

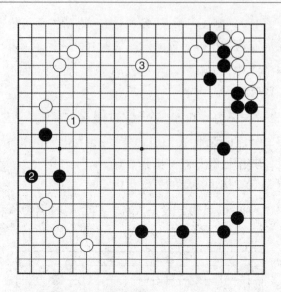

图 2－28－4

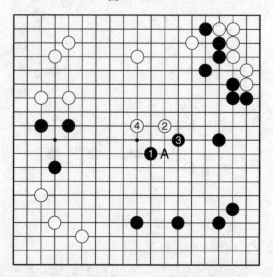

图 2－28－5

出，这样结果双方均可接受，是一盘各成模样的棋。

黑❸如改为 4 位飞，白即于 A 位靠入，这将是一盘生死大战的激烈对局。

图 2－28－1 中黑㉝是好手，既压低了白棋又扩张了自己。

白㉞如在 42 位跳，黑即 D 位靠下，上边白棋将不能成空。白㊳也是不得已,如按一般应法在 39 位长,黑即 38 位压过来,白全局不利。

　　白㊹到右下托,是最后的挑衅,如只在 E 位掏空,那等于认输。

　　结果应黑㊾,白棋已经无法做活。

　　这是一局布局开始不久即定胜负的棋。

　　图 2－29－1,三连星布局不仅要求有良好的大局观!而且当对方进入自己模样时要求有强有力的攻击力量。否则即使暂时围成了大模样也会被对方消解的。

　　至黑⑲是所谓"宇宙流"常用的大规模扩张阵地的大气魄下法。

　　白⑳进入是白棋对黑⑰、⑲两的反击。

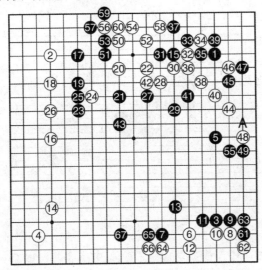

图 2－29－1

　　黑㉑镇是贯彻大模样的有力下法。如在 50 位飞,则变化如图 2－29－2 。

　　图 2－29－2,黑不镇而在 1 位大飞,是重实利的下法,和右边两子取得联络,又可夺取白◎一子的根据地。但白②刺后在 4 位靠下,至白⑳是一般对应。结果黑得到相当实利,在一般布局中不算吃亏,而在这三连星布局时中间被白筑成厚势,和原来意图相矛盾,失去了三连星的意义。当然黑棋不能容忍!

　　图 2－29－1 中黑㉑镇以攻为守,白㉒跳时黑㉓是必要的一手,如直接在 27 位跳,则其变化如图 2－29－3。

　　图 2－49－3,黑❸直接跳,白④刺后再白⑥位靠出,至白⑭冲破了黑棋而挺出,黑尚要补一手以防白⑥ ⑩两子逃出,否则黑三子将成浮棋,白全局优!

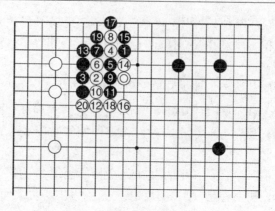

图 2 - 29 - 2

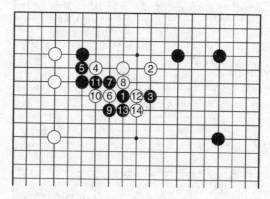

图 2 - 29 - 3

图 2 - 29 - 1 中黑❷飞,强攻白棋,其中黑❸冷静的自补,是不让白棋有任何借用的好手。

黑❹尖,白棋眼位受到威胁,白❷交换是不得已的单官,而黑❸加强了中间的势力,白苦!

白❻、黑❼下扳是不让白棋借力腾挪。黑❾,强手! 白如 55 位扳,则黑 A 位夹,白棋上面大块危险。

至白❻白棋后手活棋,黑棋得到先手右下角 61、63 位扳粘,至黑❻黑棋三连星在攻击白棋过程中加强了中间,形成大模样,黑棋成功!

第六节　中　国　流

中国流布局在日本早有雏形,经过陈祖德发掘并进一步发扬,在中国很快

148

流行起来,被定名为"中国流",初期曾被称为"桥梁流"。

中国流和三连星布局有点相似,都是以大模样作战为主,但中国流更具有灵活性。

中国流部分放弃了先挂角和先守角的传统布局原理,率先占边,构筑模样,然后引诱对方打入,再通过进攻对手打入之子,获得全局主动。

所以下中国流一定要有大局观和战斗力。

图2-30-1,黑❶占右上角星位,黑❸再占对角相向小目。黑❺到同一面边上拆。这就是"中国流"布局。

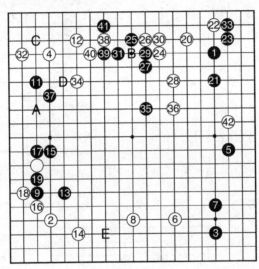

图2-30-1

白⑥在左边挂,黑❸是对付中国流常用的下法之一。黑❼守角,白⑧拆二成为中国流的常见布局。

黑❾挂后黑⓫再挂是试探白棋应手。白⑫飞正确!如A位夹,其变化则如图2-30-2。

图2-30-2,黑❶挂时白②夹,黑❸即到左下角点三三,至白⑧黑取得先手再到左上角9位反挂。黑满意!

图2-30-1中的白⑯顶时黑⓱挡,简明!如在18位立下,变化复杂,如图2-30-3。

图2-30-3,黑❶立下是最强应手。白②长、黑退,至白⑧长时由于白

149

◎一子是小飞,黑**9**先靠一手,好棋!以下是双方必然对应。黑㉓接后白㉔也只有接上,黑棋长出一口气,至黑㉕白差一气被吃。

图 2－30－4,白②改为长出,因为征子对黑棋有利,所以黑**5** **7**可以用强,黑⓫夹好手!白只有 12 位打,黑⓭渡过,白⑭提子,也是可下的。

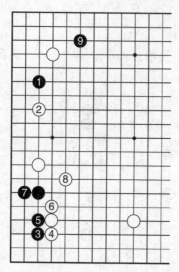

图 2－30－2

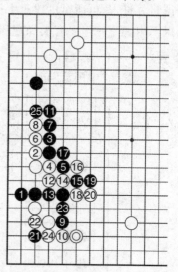

图 2－30－3

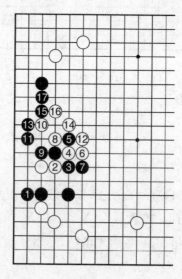

图 2－30－4

150

在实战中，图 2 - 30 - 1 中的黑❶挡，和下面黑⓫一子相呼应，也不坏。白⓴挂角，至白⓴飞有点过分。黑㉕当然马上打入，白㉖尖顶，黑一般在 B 位长，而黑㉗飞是强手。白㉘过于稳健，应如图 2 - 30 - 5 盘面进行。

图 2 - 30 - 5，黑❶飞时白② ④可将黑棋纽断，黑❺打后要 7 位虎补，白⑧吃下黑子，比实战要厚实一些。

图 2 - 30 - 1 中黑㉙马上尖顶，白㉚接后黑㉛虎已得到安定。白㉜守角是防黑 C 位点角。

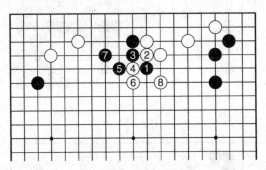

图 2 - 30 - 5

黑㉝有点过于稳重。盘面上 D、E 等处均不小于此点。

白㉞是不让黑棋在此落子连成一片而封锁白棋。

黑㉟至黑㊶为安定上面一块黑棋以免受到攻击。

白㊷打入，中盘战斗开始，全局均衡，胜负要看中盘战斗结果了。

图 2 - 31 - 1，黑以中国流开局，白⑥占下边大场，黑❼挂角，白⑧夹看似平常，但却是为削弱黑右边中国流的威力。

黑❾点角，以取实地为主。

白⓲到右上角挂至白㉒都是波澜不惊的正常对应。

黑㉓拆在低位是贯彻全局以实利为主的框架。

白㉔有点过急，应如图 2 - 31 - 2 进行。

图 2 - 31 - 2，白①小飞才是全局平衡要点，黑❷并，白③挂角，白有先手效率。黑❷如在 3 位守角，则白 A 位逼且和白◎一子相呼应，棋形生动！

图 2 - 31 - 1 中黑㉕位顶，白㉖上挺后，黑㉗位到左下角挂，好！黑㉛拆后，白㉜不得不补，否则如图 2 - 31 - 3。

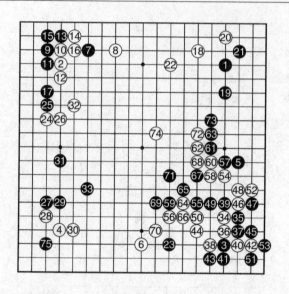

图 2 – 31 – 1

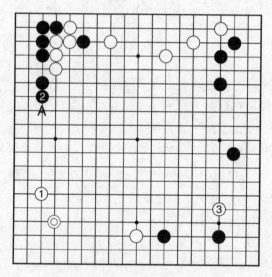

图 2 – 31 – 2

图 2 – 31 – 3,白如不在 4 位补,则黑❶跳出,白②冲,至黑❼左边两子被吃,白棋几乎已成败局。

由此可见当初白◎一子逼欠妥。

图 2 – 31 – 1 中黑❸是要点,白㉞挂后,黑㉟托,紧凑! 其实可以说已过

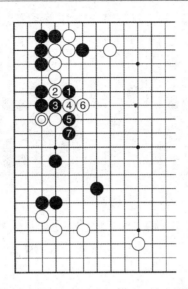

图 2 - 31 - 3

早地进入了中盘战。

　　图 2 - 31 - 1中黑㊺也可按**图** 2 - 31 - 4进行。

　　图 2 - 31 - 4黑❶靠后 3 位长,大致如此要比实战简明。黑❾得先手,到左角点。

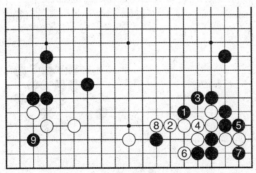

图 2 - 31 - 4

　　图 2 - 31 - 1中白㊽时,黑如改为左边靠则形成**图** 2 - 31 - 5所示盘面。

　　图 2 - 31 - 5,黑❶靠是很锐利的一手,白②如长出,黑❸即挺,白④不能不接,黑❺再到角上夹白两子。至黑⓫,白被分成两处,苦战!

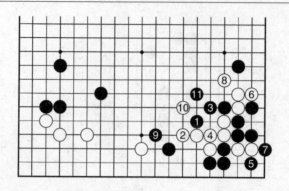

图 2-51-5

图 2-31-6，当黑❶靠时白②扳出，黑❸挤入打，以下也是双方大致对应。黑⓯引征，白⑯不能在上面应，只有长，黑⓱扳后黑⓳退回，全局厚实，不坏！

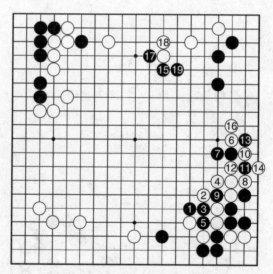

图 2-31-6

图 2-31-1 中白㊱有点缓，应如图 2-31-7 进行。

图 2-31-7，白①应该紧贴，黑❷长，白③仍贴长，黑❹后白⑤跳，先在下面获得相当实利。黑虽筑成一道厚势，但要攻击上面白棋却一时也找不到致命一击要点，白棋充分可战！

图 2-31-1 中白㊲跳出后，战斗结束，黑㊵终于抢到先手到左下点三

三。全局黑棋领先!

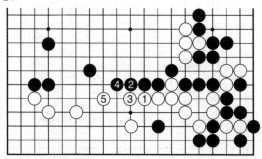

图 2 - 31 - 7

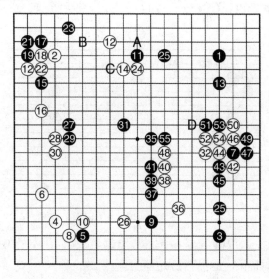

图 2 - 32 - 1，黑❺在先在左下角挂一手再回到右边 7 位下出中国流，是一种趣向更富有变化。

图 2 - 32 - 1

白⑧尖顶时黑不在 10 位上挺而在 9 位拆，轻灵！如上长则有如 图 2 - 32 -2 的变化。

图 2 - 32 - 2，白①尖顶时黑❷如上挺，则白③夹击，对应至白⑦后黑棋显得滞重。

图 2 - 32 - 1 中白⑩虎，大极！黑⑪在位拆也不错，还可在 B 位挂。

黑⑬在 C 位镇也成立。

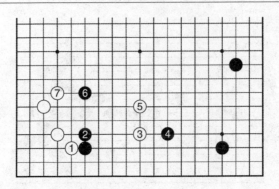

图 2－32－2

白⑭扩大自己以对抗中国流。

黑❶挂角到黑❷飞,全局是黑棋易下的局面。

白❷压,黑❷守角,黑❷马步侵也可尖侵,将形成如 图 2－32－3 的变化。

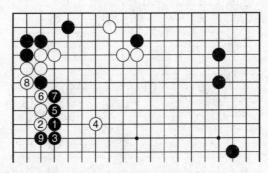

图 2－32－3

图 2－32－3,黑❶尖侵,白②爬,黑❸也长,白④如在中间强攻,黑棋经过❺至❾的交换,曲下后是很容易处理的。

图 2－32－1 中黑❸轻盈,白㉜镇,黑❸先到上面跳一手再 35 位飞出,灵活!

白㊱如马上靠下则形成如 图 2－32－4 的变化。

图 2－32－4,白①靠下,黑❷当然扳出,对应至白⑨补断,黑❿跳起,黑下面成了大模样,当然占便宜!

所以白㉖在 图 2－32－1 中先到右下做了准备。

至黑⓾时白如按一般对付一子点方的下法,在 D 位靠出,将形成如 图 2－

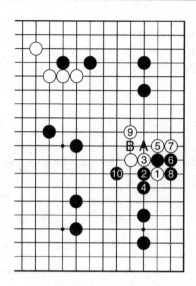

图 2 - 32 - 4

32－5的变化。

   图 2 - 32 - 5,黑▲点方白①如靠出,黑❷扳是最强应手,对应至黑❽尖,
白棋已经崩溃!

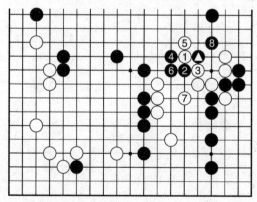

图 2 - 32 - 5

   图 2 - 32 - 1 中黑㊶后黑棋一直保持着先手效率。

   图 2 - 33 - 1 中黑⓯拆后即在 17 位吊入,以防白棋扩张。

   图 2 - 33 - 3,黑❶如右上角缔,白②即在右边挖,后至白⑥压,白形成厚
势,白◎一子发挥了很大作用。

157

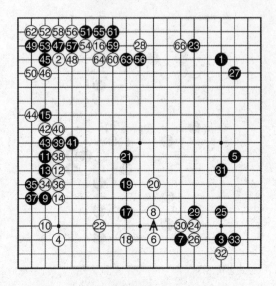

图 2－33－1

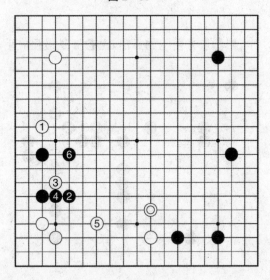

图 2－33－2

　　图 2－33－1 中白㉔点，黑㉕跳守角，正确！黑如按一般对应，其变化则如图 2－33－4。

　　图 2－33－4，白①点时黑❷如在三线长，白③即到上面挂角，黑❹尖顶，白⑤长后黑棋原来成为大模样的意图受挫。

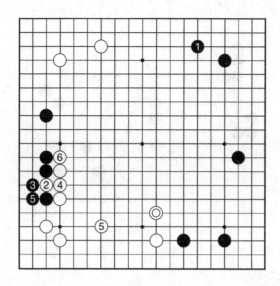

图 2-33-3

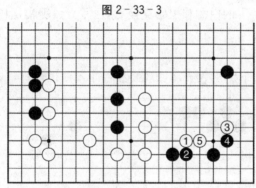

图 2-33-4

图 2-33-1中黑❷尖和白㉘拆是双方各得其一的大场。

黑㉛尖和黑㉝退,冷静、沉着!

黑㊴扳时白㊵位夹,强手! 黑㊶长是针锋相对的一手棋。

图 2-33-5,白①夹时,黑❷如挡,弱!白③打,接着到中间5位刺后再于7位罩,黑中间数子将疲于奔命。

图 2-33-1中的白㊷冲下,所得不少,但黑㊺得到先手到左上角托也得到了相应补偿。

黑㊿飞起时,白52随手,应如图 2-33-6进行。

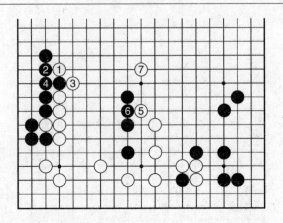

图 2－33－5

图 2－33－6，白①尖压，黑❷退，白③曲下，黑❹补活，白⑤到右边打入，这将是一盘漫长的棋。

图 2－33－1 的白52和黑53交换后，白亏！黑55爬，白56已是骑虎难下，只有扳下战斗。

黑61沉着好手。

白62后手虽吃下黑棋数子，但黑63 65后冲入白棋模样，白不便宜！于是白

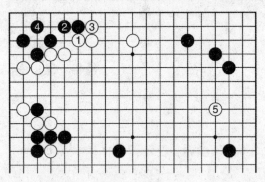

图 2－33－6

66碰是开始中盘的胜负手。

图 2－34－1，白② ④以二连星对抗黑中国流是常见下法。

白⑥拆，黑❼拆角，均属正常布局。黑❸罩时由于白棋征子有利可以如图 2－34－2进行。

图 2－34－2，黑❶飞罩，白②冲，黑❸扳时白不在9位曲，而在4位强行

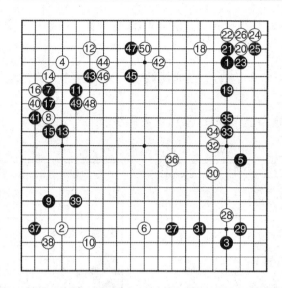

图 2 - 34 - 1

扭断,至黑**⑰**压,是必然对应。黑**⑲**征白二子,但不能成立。所以黑棋只能按**图** 2 - 34 - 3 进行。

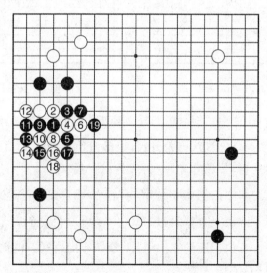

图 2 - 34 - 2

图 2 - 34 - 3,在黑子征子不利时黑**❺**只能贴下,白当然从上边打,至黑**⑬**,结果白棋仍比实战要厚实一些。

图2-34-1中黑⑮以下是定式,黑⑮如在16位立下,其变化则如下图2-34-4。

图2-34-4,白①尖顶时黑❷立下是取实利的下法。但在此布局中不宜。

白③冲,黑❹挡至黑⑫长,黑虽获利不少,但白外势雄厚,可以抵消中国流的威力。

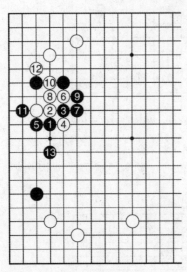

图2-34-3

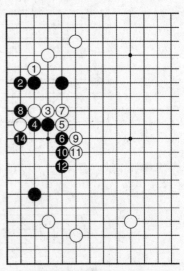

图2-34-4

图2-34-1中白㉒扳时黑如外扳其变化则如图2-34-5。

图2-34-5,白①扳,黑❷外扳,黑❹打后至白⑦飞,是角上常形。
黑❽拆边,白⑨拆,黑❿守角,这将成为另一盘棋。

图2-34-1中的黑㉗扩张势力,白㉘当然要挂,黑㉙守角,但白㉚嫌缓,黑㉛从容守住下边,所以白㉚应按图2-34-6进行。

图2-34-6,白①应到右边镇,黑❷如靠出,白③即到角上靠下以求腾挪。至白⑦,黑棋不好对应!

图2-34-1中白㉜跳,过于稳健,应如图2-34-7进行飞压。

图2-34-7,白①飞压,绝对一手,黑❷不会在5位爬过,那太委屈了,一定会冲出反击,以下至白⑰形成转换,还是两分,白棋局面不坏。

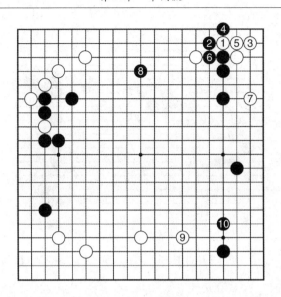

图 2 - 34 - 5

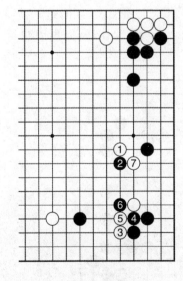

图 2 - 34 - 6

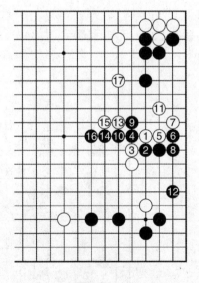

图 2 - 34 - 7

图 2 - 34 - 1 中的黑❸❼飞,大甚! 黑❸❾跳后白⑩不必再保留。因为白无 41 位立下的可能性了。

黑❹❺吊时白⑥有点过分,不必如此,应如图 2 - 34 - 8 进行。

图 2 - 34 - 8,黑❶吊时白②只要托,黑❸压,白④虎后至黑❼,白得实利

163

不少,由于有白◎一子,黑棋外势不容易发挥。白棋不坏。

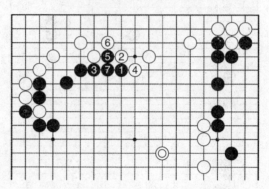

图 2－34－8

🐢 2－34－1 中白㊻长出,至白㊿尖顶,就展开了中盘战。

🐢 2－35－1,黑❺先挂左下角再于 7 位下中国流。白⑧拆二,黑❾必然点角,至黑⓱跳,白⑱一般在 21 位挂,但白㉒随手。而黑㉓在 37 位守角比较实惠。因为上面白棋比较厚实,所以白㉔、㉖压低上面黑棋,同时进一步加强自己。然后在 28 位打入,黑㉙尖,白㉚先到角上点一手是次序,如直接冲,其变化则如 🐢 2－35－2。

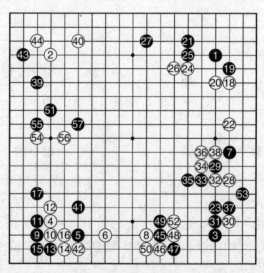

图 2－35－1

🐢 2－35－2,黑❶尖封时,白②直接冲,黑❸扳,白④断后黑❺打,白⑥

长,黑**7**退回。白右边两子不好处理。如再到 A 位点,黑将不会接,而是 B 位挡下了。

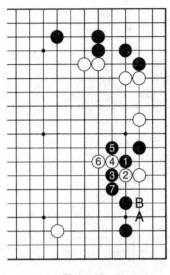

图 2 - 35 - 2　　　　　　图 2 - 35 - 3

⊗ 2 - 35 - 1 中白㉜冲,黑㉝断,白㉞断时黑只好 35 位退。如在 36 位打,其变化则如 ⊗ 2 - 35 - 3。

⊗ 2 - 35 - 3,白①断时黑❷打,因为有了◎一子白棋,对应至白⑨退,白成活棋,而黑被分在两处,都要处理,黑大亏!

⊗ 2 - 35 - 1 中白㊳吃下两子黑棋,局部黑亏。白棋为打入,白㉔㉖飞和黑㉕㉗交换也有一定损失,所以还是两分局面。

黑㊺碰后到上面 51 位飞起,白㊼时黑㊽尖,局部相当大,但此时左边才是急场,应如 ⊗ 2 - 35 - 4 进行。

⊗ 2 - 35 - 4,黑❶应挺起,白②尖,黑可不应而到 3 位占大场,全局黑优。

⊗ 2 - 35 - 1 中,白㊵马上打入,并攻击上面三子黑棋,黑㊺生根不可省。白㊶跳,黑㊸飞攻,开始了中盘战斗。

⊗ 2 - 36 - 1,白⑥一子在中国流中也少见。如下在 A 位则黑在 6 位逼,白 B 位跳出,黑 C、白 D、黑 E,也是一种布局。

也可参考 ⊗ 2 - 36 - 2。

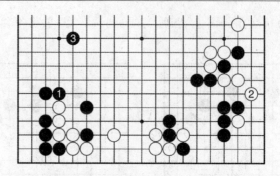

图 2-35-4

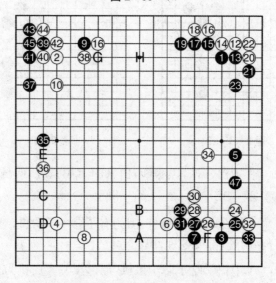

图 2-36-1

图2-36-2,白①比谱中进一步,将成为战斗。黑❷不会让步,必然要夹,至白⑦飞出,棋局就早早进入中盘战斗了。

图2-36-3,白①挂是对中国流的特殊挂法,黑❷跳,白③尖顶,黑❹立下后白⑤拆,可迅速定型,但加强了对方角部也是一种应法。

图2-36-1中黑❼坚实,白⑧守角,黑❾ ⓫后白⑫到右上角点是以实利为主的下法。

图2-36-4,黑❶到上面占大场,白②也占左边,黑❸守角,白④尖,这样成为双方各围大模样的下法,将是一场持久战。

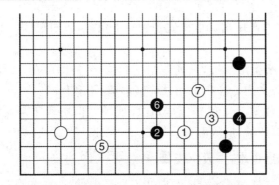

图 2 - 36 - 2

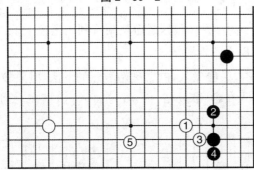

图 2 - 36 - 3

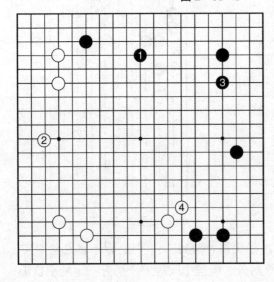

图 2 - 36 - 4

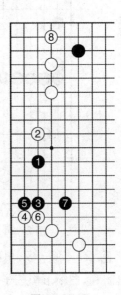

图 2 - 36 - 5

图 2－36－1 中白㉔取得先手到右下角挂,较凶狠! 是不让黑棋成为大模样。

白㉖点时黑㉗挺出反抗,正确! 如在 E 位接,白即可在 32 位扳,和黑 33 位虎交换后于 29 位尖出。黑棋上面外势被消解,不利!

白㉞以后白棋进入了黑棋模样,比较成功。但毕竟还未安定,而且白⑥一子受伤,黑棋也有所获,应为两分。

黑㉟落子选点很难,一般应按 图 2－36－5 进行。

图 2－36－5,黑❶分投,但白②逼后至黑❼跳,白⑧到左上角跳下,全局黑棋实地落后,下面难下。

图 2－36－1 中的白㊱逼,黑㊲是瞄着利用黑❾一子。

白㊳大约还有以下两种应法。

图 2－36－6,黑❶飞入,白②碰是激烈的下法,但黑❸、❺、❼长后,白仍要在 8 位补角。黑先在 ❾ ⓫ 扳粘,再 13 位打入,白棋在上面所得比不上下面损失。

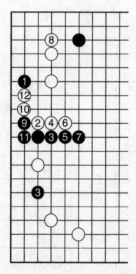

图 2-36-6

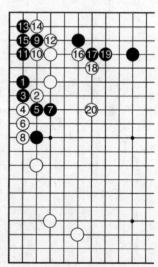

图 2-36-7

图 2－36－7,黑❶时白②尖应,黑❸长,白④扳,以下是必然对应。结果黑得实利,白断下黑三子,可算两分。但黑中间等三子尚有一定利用价值。

图 2－36－1 中的白㊳简明,至白㊻吃下黑❾一子,大! 如脱先被黑在

G 位扳起则不可收拾!

黑**47**好点,如靠出,其变化则如图 2－36－8。

图 2－36－8,黑**1**靠,经过交换,黑棋上面有重复之感。所围空也不大,而白棋却变厚了。

所以图 2－36－1中黑**47**开始攻击白棋,以求变化,从中取利。中盘开始。

图 2－37－1,黑中国流开局,黑**9**先到左上角挂一手后回来再 11 位尖,这是个人趣向。至黑**15**双方为正常对应。白⑯有些不妥,因为左下角是白三三。

图 2－37－2,白①是常见下法,黑**2**拆一是正常对应。白③在左下角飞起,黑**4**扩大地域。白⑤轻处理白①一子到右边镇,这是一个方案。

图 2－37－3,白①最大限度地逼近黑棋

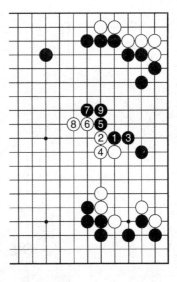

图 2－36－8

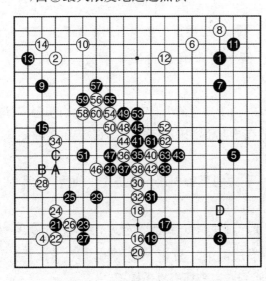

图 2－37－1

模样,黑**2**跳起,白③拆二,黑**4**挂,白⑤反夹。黑**6**以下是双方必然对应,也就成

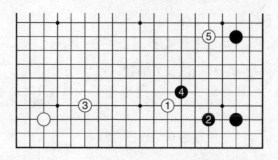

图 2 - 37 - 2

了另一盘棋。

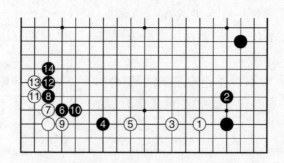

图 2 - 37 - 3

🔲 2 - 37 - 1 中的黑❶拆后黑棋右边不断扩大,白⑱不得不跳,虽限制了黑棋继续扩张,但本身没有获得实际利益。但如守角其变化则如 🔲 2 - 37 - 4。

🔲 2 - 37 - 4,白①到左角小飞守角,实利很大,黑❷不肯在 7 位飞镇,让白在 A 位飞。故黑❷在角上碰,白③顶,黑❹长,白⑤立,黑❻拆二,至黑❿后黑棋打入成功,而白⑦ ⑨等三子尚未安定,不能满足。

🔲 2 - 37 - 1 中的黑⓳先顶一手是先手便宜,再到 21 位紧凑,也可 31 位飞以扩张右边。

白㉒长,黑㉓跳起,白㉔有点拘泥于定式下法,应按 🔲 2 - 37 - 5 进行。

🔲 2 - 37 - 5,白①挖,至白⑦在低位渡过,虽有点委屈,但两块白棋已经连成一气,可以大胆到右边破坏黑棋模样了。

🔲 2 - 37 - 1 中的黑㉝飞起,以右边模样为主,但受到白㉞的有力攻击。所以黑应先在左边 A 位飞压,白 B、黑 C 位长,白不能不到 D 位挂角,再迟就没

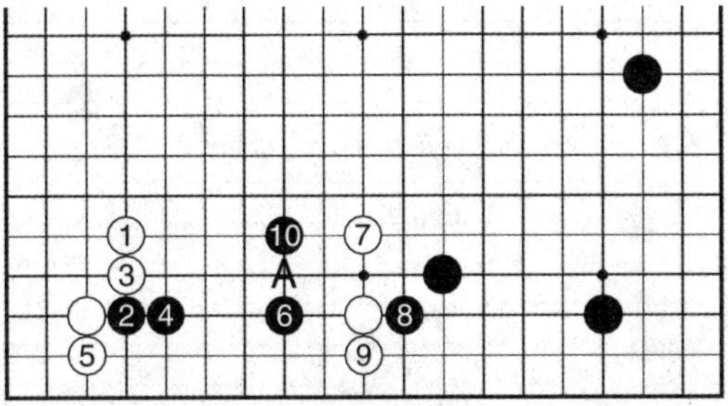

图 2-37-4

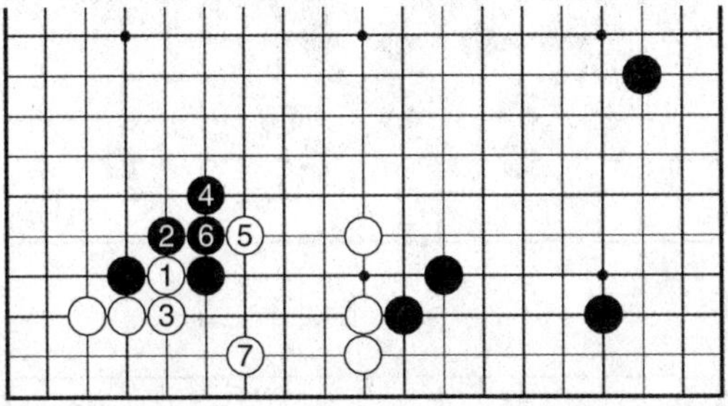

图 2-37-5

有机会了。

其实从黑㉟镇就已经很早进入了中盘战。

白㊹可能是误算，应按图 2-37-6 进行。

图 2-37-6，白①靠出，但白③断后黑有 4 位刺的好手。白⑤接，黑❻打后经过黑❽到黑⓬可吃下白三子，所以不能成立。

图 2-37-1 中双方进行到黑61冲再黑63断，一场大战即将开始。

图 2-38-1，黑❺比 A 位高一路，这种布局被称为“高中国流”，偏于取势。

白⑥守左下角，黑❼当然挂左上角，白⑧飞是平稳的对应，如二间高夹，其变化则如图 2-38-2。

图 2-38-2，白①二间高夹，黑❷大飞，白③靠出至白⑬夹是所谓“妖刀”定式中最简明的一型。这样一开始即可能开始战斗。

图 2-38-1 中的黑⓯要点！防止白棋两翼张开。

白⑯挂，黑⓱飞是和黑⓯一子相呼应。白⑱是为了尽快安定下来。如重实利则可在 44 位小飞。

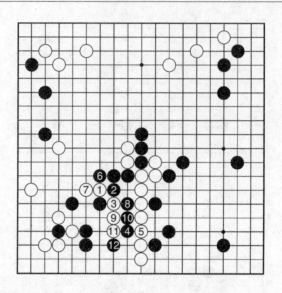

图 2-37-6

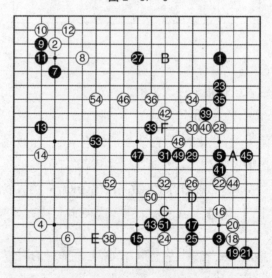

图 2-38-1

白㉔打入是试应手,如按正常下法一般在上边 B 位大场开拆。

黑㉕并以静待动,正确!如想用强,则会形成 **图** 2-38-3 的变化。

图 2-38-3,黑❶小尖要吃白◎一子,白②、④断开黑棋,对应至白⑩紧气,黑角上四子被吃。

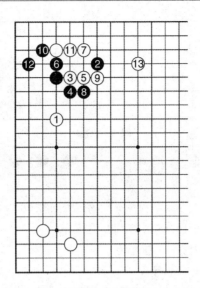

图 2 - 38 - 2

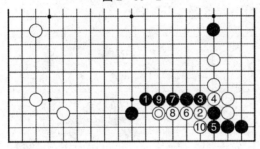

图 2 - 38 - 3

🐢 2 - 38 - 1 中白㉖跳起一面加强四子白棋,一面找机会在 C 位跳出。白如马上 C 位跳,黑即 D 位跳,将白棋分开攻击。白不利!

黑㉗跳占大场,正确!因为下边有 E 位的拆二余地,所以不怕白 C 位跳出。白㉘打入不得已,否则黑棋上边将成大模样,但右下角数子白棋总未安定。

黑㉙、㉛轻易地跳出,全局形成势不坏。白㉜如在 F 位跳,黑即于 32 位封。

黑㉝飞镇,主动!白㉞有弹性,便于处理孤棋,黑㉟时白㊱过分。应如 🐢 2 - 38 - 4 进行。

🐢 2 - 38 - 4,白①单关,坚实!以后黑如 A 位守边,白即 B 位关出;黑如改为 B 位镇,白可 A 位飞下生根活棋。

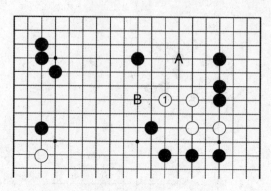

图 2-38-4

🔲 2-38-1 中白㊱看似生动,但很单薄。

黑㊲拆边,白㊳先手占下边大场。

黑㊴利用白棋中间的薄味加以攻击。

黑㊶阻渡,白㊷不得不补。黑㊸尖,强手!

白如用强,其变化则如 🔲 2-38-5。

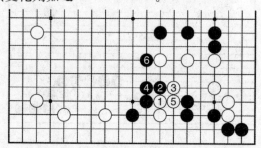

图 2-38-5

🔲 2-38-5,白①硬冲,黑❷扳,白③扳时黑❹接是好手!白⑤接后黑❻靠出,白要苦活。

🔲 2-38-1 中白㊿尖是牺牲下面两子,加强自己以求 52 位大飞后攻击中间一块黑棋。白如在此处脱先,则黑将如 🔲 2-38-6 进行。

🔲 2-38-6,黑先在 1 位刺后再于 3 位封。白棋不只◎一子被吃,而且仍要苦活。

2-38-1 中黑㊼后白㊴还在瞄着中间一块黑棋,中盘开始。

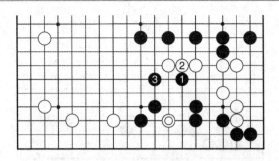

图 2-38-6

第七节 迷你中国流

所谓"迷你中国流"是中国流的变形。自 20 世纪 90 年代出现以来,至今流行不衰,是极富杀伤力的黑布局,很容易布局一开始就展开激烈的战斗。

图 2-39-1,黑❶ ❸后黑❺不在 A 位缔角,直接到左下角挂。白⑥小飞后,黑❼拆四,迅速展开,就是所谓"迷你中国流"。白⑧分投,黑❾逼,兼守右上角,白⑩拆二,这是典型的迷你中国流的下法。

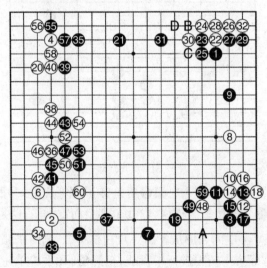

图 2-39-1

图 2-39-2,白①(也是图 2-39-1 中白⑧)也有在 1 位打入的。黑❷托角,白③扳,黑❹扳时白棋放弃角部实利,当黑⑫打时白⑬到右下角挂,

这将是另一局棋。

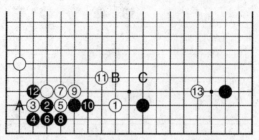

图 2 - 39 - 2

其中黑❽时白⑨如在 A 位立下,黑即 9 位挺出,白 B、黑 C,这种战斗只能加强黑棋的势力,白不利!

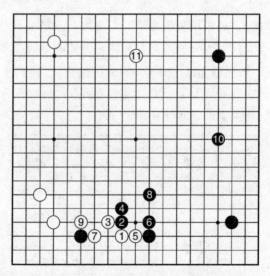

图 2 - 39 - 3

🖼 2 - 39 - 3,白①打入时黑❷压是弃子的下法,白③扳后至白⑨虎,补强白左下角。黑❿到右边扩大模样,白⑪也到上面占大场,这是另一种变化。

🖼 2 - 39 - 1 中的黑⑪从下面飞攻白棋拆二,同时扩张自己。白⑫向角里飞是先求安定,好集中精力进行中盘战,至黑⑲,几乎成了迷你中国流专用定式了。

白⑳守角也是要点。

黑㉑拆远一点是为了限制白在左上角的发展。同时也照顾到右边自己的配置。白㉒如到右上边点,其变化则如图 🉐 2－39－4。

　　🉐 2－39－4,白①点三三,黑②挡后至黑⑭打吃白一子是常见点大飞角的定式。黑🔺一子显然比在 A 位要好得多。

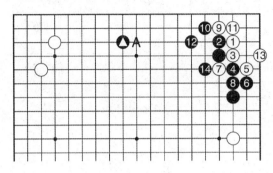

图 2－39－4

黑棋也可如 🉐 2－39－5 对应。

　　🉐 2－39－5,黑④长后全白⑮打也是一种常见变化。白棋右边虽然得到连通,但是被压扁,重复!黑棋外势却大大得到增强,黑还得到了先手,可以在 A、B、C 三点按自己的棋风选择一点,当然黑好!

　　所以 🉐 2－39－1 中白㉒托,黑㉓外扳。黑如内扳其变化则如 🉐 2－39－6。

　　🉐 2－39－6,黑❶内扳是重实利的下法。白⑥拆后,黑❼拆二,白⑧镇,黑❾跳出,白⑩以后黑角上得到相当实利。但中间三子黑棋尚未安定,将在左边打入进行战斗时受到牵制。

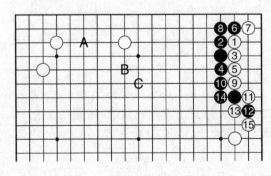

图 2－39－5

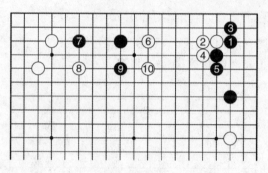

图 2 - 39 - 6

🉑 2 - 39 - 1 中黑㉓时白㉔如果向角里长则会形成如🉑 2 - 39 - 7的变化。

🉑 2 - 39 - 7,白①接,黑②即立下,至白⑦挡后黑⑧得到先手到左边拆二,黑好!

🉑 2 - 39 - 1 中的黑㉗如到外面扳,是要征子有利才行,其变化如🉑 2 - 39 - 8。

🉑 2 - 39 - 8,黑❶外扳,白②、黑❸、白④接后黑❺再到下面扳,至白⑳曲是必然对应。白 A、B 两处必得一处,黑如征子不利即崩溃。

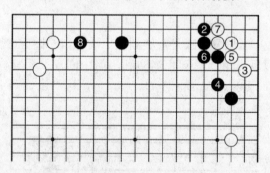

图 2 - 39 - 7

🉑 2 - 39 - 1 中的白㉜大极!本身角上已安定,如 C 位挺黑即 D 位刺,白 B 位接,黑即 32 位曲。白只上方有一只眼,将受到攻击。

黑㉝是当前大场,如在上面 35 位拆,白即 33 位跳下,不仅实利很大,而且还瞄着下边的黑棋打入。

黑㉟先在上面拆,白㊱嫌缓。黑㊲飞起后全局优势。所以白㊱应按🉑 2 -

178

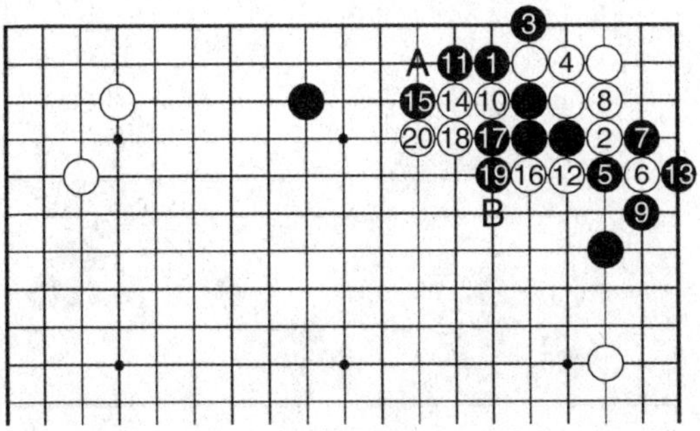

图 2－39－8

39 － 9进行。

图 2 － 39 － 9，白①打入，黑❷到角上尖顶是以攻代守，白③到右边碰，以下双方大致如此，至黑⓰，白棋并无所得，不过白棋可考虑另一方案，会有如图 2 － 39 － 10 的变化。

图 2 － 39 － 10，白①尖冲，是一手有趣的棋，黑❷如挺出，白③即贴下，至白⑨纽断，总体是白棋好下的局面。

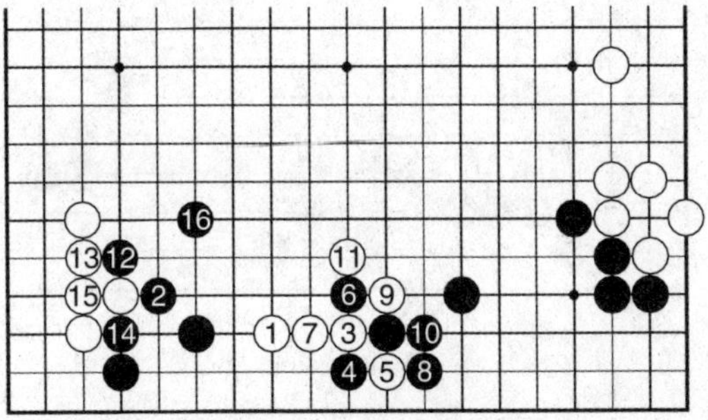

图 2－39－9

白棋还可考虑第二方案，如图 2 － 39 － 11。

图 2 － 39 － 11，白①尖冲时，黑❷长，白③碰，好手！黑❹长是正应。以下至白⑪弃去三子，砌成厚势，而且得到先手在左边 13 位拆，白不坏。以后 A 和 B 处均有余味。

图 2 － 39 － 1 中黑㊴飞压后再于下边 41 位点，至白㊿飞出，中盘战斗开始。全局黑优。

本局介绍比较详尽，主要是为了让初学者对迷你中国流有所了解。

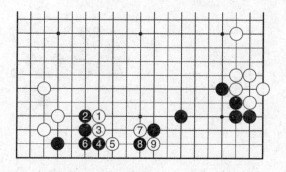

图 2 - 39 - 10

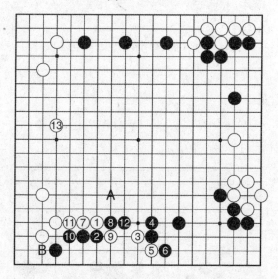

图 2 - 39 - 11

图 2 - 40 - 1,迷你中国流中白⑩拆二时黑⓫先点一手再 13 位飞起,也是常见下法。

白⑭如改为挺出,其变化则如**图** 2 - 40 - 2。

图 2 - 40 - 2,白①挺出,黑❷挡下,白③长,经过交换至黑❻,黑得实利,白得厚势,也是两分局面。

图 2 - 40 - 1 中黑⓯为争取速度马上到左上角挂也可以。

白⑭时黑如马上扳,其变化则如**图** 2 - 40 - 3。

图 2 - 40 - 3,黑❶马上扳,白②打,以下至黑⓫打,黑棋下面实利不小,

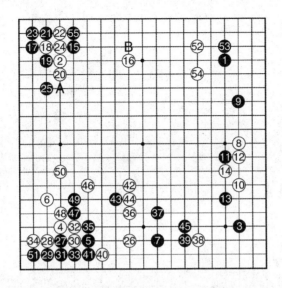

图 2 - 40 - 1

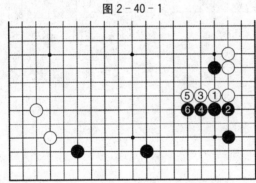

图 2 - 40 - 2

可下。

🔲 2 - 40 - 1 中黑❶点角,简明!

白㉖立即到下面打入,正确! 如到右下角打入,其变化则如图 2 - 40 - 4。

🔲 2 - 40 - 4,白①打入,黑❷当然飞逼,白③关出外逃,黑❹飞,结果黑两边均有所得,而白棋仅一块孤棋,白棋明显失败。

🔲 2 - 40 - 1 中黑㉗托角是角上常用腾挪手段。白㉘扳,黑㉙连扳,白㉚打,黑㉛接后,白㉜可以如 🔲 2 - 40 - 5 进行。

🔲 2 - 40 - 5,白①冲下来,黑❷断,白③曲,黑❹ ❻后取得角地,白⑦枷

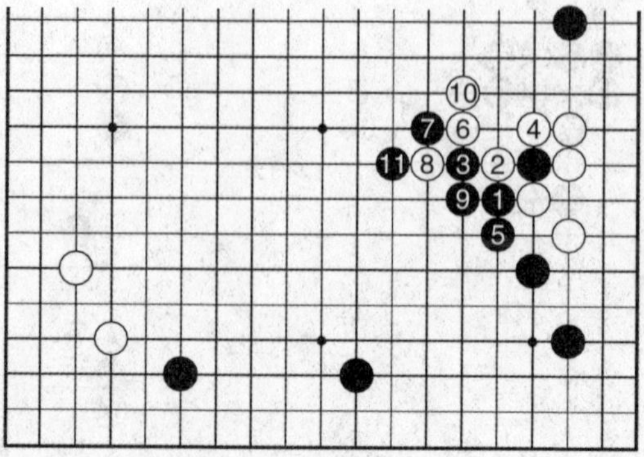

图 2－40－3

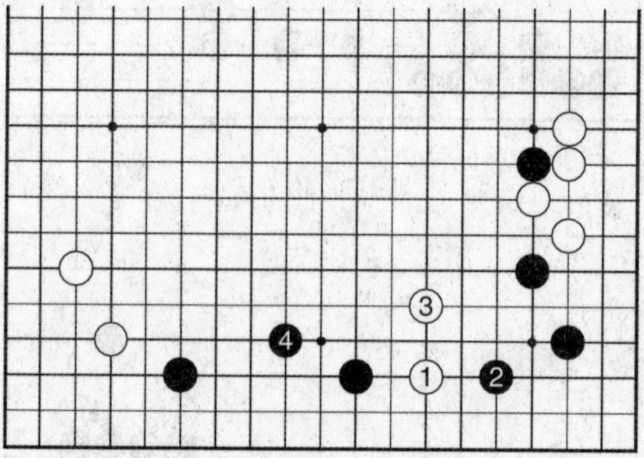

图 2－40－4

住黑两子。黑❽拆二补右边，白⑨得到先手到右上挂角也是一局棋。

图 2－40－1 中的黑㉝至白㊱是一般对应。黑㊲关后白㊳打入试应手。黑㊴顶是不让白棋有过多的活动余地，强手！白㊵是先手便宜，但白㊷缓手，可按图 2－40－6 进行。

图 2－40－6，白①关出，黑❷也跳，白③ ⑦是加强自己后到 9 位和右边连成一块，然后就可放心大胆处理中间数子白棋了，而右下角黑棋被封！还要在 10 位下做活。白⑪抢到接，至白⑲后黑被分成两块，全局白棋主动。

图 2－40－1 中的黑㊸刺以后再 45 位补，全局已经黑优。

右下角至黑(51)挡已活。白(52)到上面挂是盘上最后大场。黑(53)守角，白(54)扩大地域，黑(55)夹，中盘战斗开始。全局黑棋实利不少，应是黑优。

图 2－41－1，至黑⓳是迷你中国流常见下法。

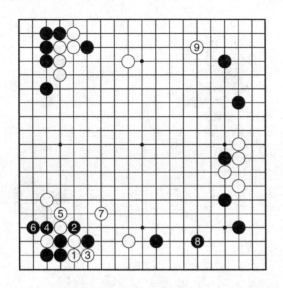

图 2-40-5

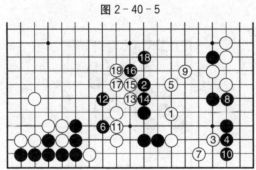

图 2-40-6

白⑳点角是趣向。黑㉓后白抢到 24 位大场。以抵消黑棋厚势。

黑㉕挂角，白㉖玉柱补角。如 A 位跳，黑即 B 位飞角。

黑㉗拆二，白㉘压，强手！如在上面逼，则会形成如图 2-41-2 的变化。

图 2-41-2，白①立下，也是逼黑▲一子，黑❷拆二，白③逼，黑❹到上面肩冲，白⑤长时黑❻跳，以下对应至黑㉒虎后白棋 A、B 两处不能兼顾。如黑❻跳时白仍压黑子则会形成图 2-41-3 的变化。

图 2-41-3，当黑▲跳时白①再压，黑❷虎，白③点后白⑤拆二，黑❻压一手后再黑❽扳，白⑨退。黑❿跳起，上面白棋太靠近黑势。当时白◎点角，现

183

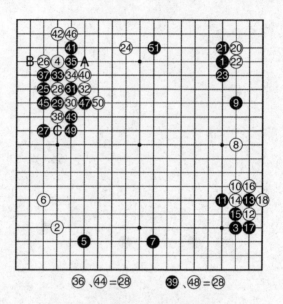

$$36、44 = 28 \quad\quad 39、48 = 28$$

图 2 - 41 - 1

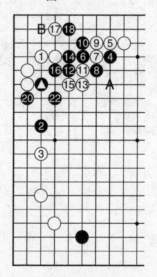

图 2 - 41 - 2

在看来有些亏了。

　　图 2 - 41 - 1 中白㉘压，黑㉙扳，白㉜连扳强手！黑㉛反击。如在 38 位退，其变化则如图 2 - 41 - 4。

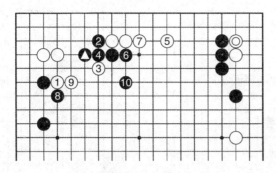

图 2 - 41 - 3

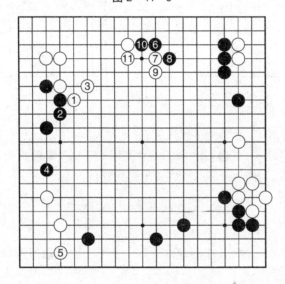

图 2 - 41 - 4

🈴 2 - 41 - 4,白①压,黑❷退,缓手！白③虎后黑❹拆,白⑤守左下角,黑❻再到上面拆。白⑦当然压靠,至白⑪全局白棋不坏。

🈴 2 - 41 - 1 中白㉞打时黑㉟也是必要反击,如怕打劫粘上,则如🈴 2 -41 -5 进行。

🈴 2 - 41 - 5,黑❶粘上太弱,黑❸打后白④接上,左上角白棋厚实,黑棋不爽！

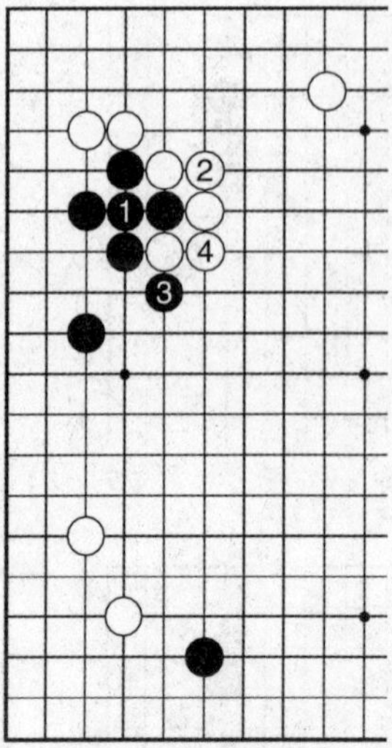

图 2-41-5

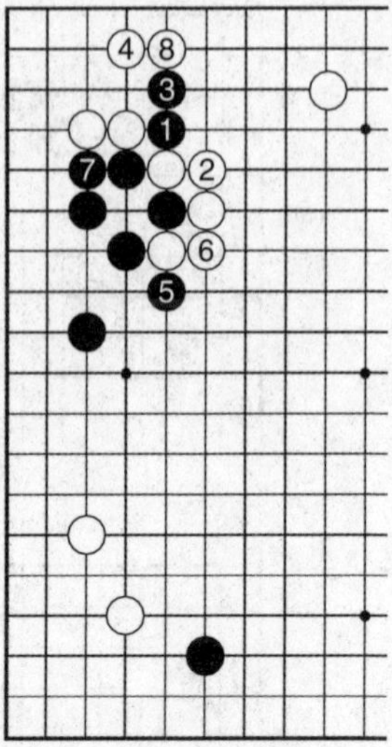

图 2-41-6

图 2－41－1 中白㊱提劫随手，应如图 2－41－6 进行。

图 2－41－6，黑❶打时白②粘才是正确下法，黑❺打时白⑥粘上，黑❼还要再补一手棋，白⑧到上面爬，结果比实战要优。

图 2－41－1 中白㊷跳下是正确下法，如贪吃黑两子，其变化则如图 2-41-7。

图 2－41－7，白①打，黑❷反打，白③提子后黑❹扳角，白⑤为打动而制造一些劫材，黑❻尖应，白再 7 位扳下，因为有白⑤一子，黑不能在 9 位挤入开劫。但在 8 位接上已经很满足了。白⑨当然接上，黑❿跳起。

结果黑角获利不少，而白左边模样也因黑❿的跳起受到限制。同时黑下面也有相当模样。

图 2－41－1 中的白㊹提劫过分，应在 47 位接上，黑 C、白再 46 位爬，比实战要优。

白㊻是无奈之举！至白㊿扳，左上角战斗以白棋稍亏而告一段落。

黑(51)拆，开始了中盘战。

图 2－42－1，是迷你中国流常见下法，但黑❾改为小飞，这和大飞并无优劣之分，全是对局者自己的爱好。

白⑩仍然拆二，至黑⓳不变。其中白⑫也可改为 14 位长，则将形成如图

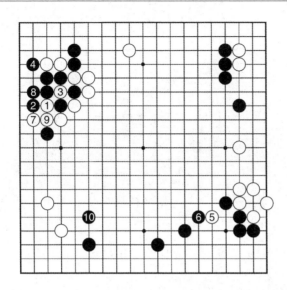

图 2－41－7

2－42－2 的变化。

图 2－42－2，白①长也是一种下法，黑❷顶后白③尖侵，至黑❷将形成

战斗。

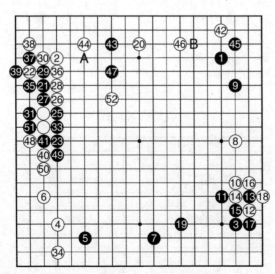

图 2－42－1

图 2－42－1 中白⑳拆，黑㉑挂后白㉒是一种积极下法。如在 A 位关则

187

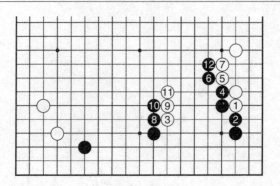

图 2 - 42 - 2

会形成如图 2 - 42 - 3 的变化。

图 2 - 42 - 3,黑❶挂时,白②跳至黑❺是一般下法,双方均无不妥。

但图 2 - 42 - 1 中的白㉒位飞下是一种不愿平稳的下法。黑㉓轻灵,如挡下则会形成如图 2 - 42 - 4 的变化。

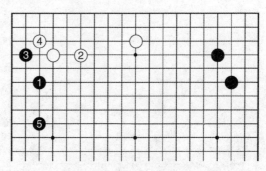

图 2 - 42 - 3

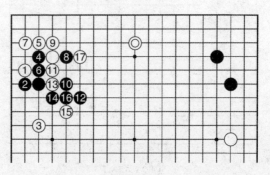

图 2 - 42 - 4

囝 2－42－4,白①飞时,黑❷如挡白③到下面逼,黑❹靠以下至黑⓰是一般对应。白⓱夹后和右边白◎一子配合正好。而黑棋显得凝重。

囝 2－42－1中的白㉔打入,强手! 黑㉕也只有压,白㉖扳,黑㉗当然断。

黑㉛在下面打是最强应法,但要计算清楚其中的复杂变化。

囝 2－42－5,黑❶(囝 2－42－1中的黑㉛)打,对应至白⑧正是白棋所期待的结果。尤其是白⑧关起后全局白优。

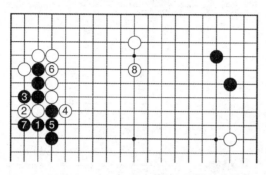

图 2－42－5

囝 2－42－1中白㉞沉着! 如在左边再进行战斗,其变化则如 囝 2－42－6。

囝 2－42－6,白①曲下用强,黑❷也曲。以下对应是双方骑虎难下的下法,至黑㉔位飞起,白棋以后很难处理。

囝 2－42－1中的黑㊶吃下白二子,白㊷是不愿白 B、黑 42 位跳下。

黑㊸打入试白应手。白㊹稳健,如攻击黑棋,其变化则如 囝 2－42－7。

囝 2－42－7,白①飞攻黑棋▲一子,黑❷拆二。至黑❽退后,黑棋在白棋空里活出一块棋来,白棋当然不爽!

囝 2－43－1中黑㊺守角,白㊻飞回,白好!

至白㊼位镇,中盘战开始。

全局白棋处处安定,而且所获实利也相当可观。白棋有望。

囝 2－43－1,白⑧分投时黑❾不在上面逼,而马上在 9 位肩冲。也是常见下法。

白⑩长,黑⓫扳,白⑫反扳,黑⓭压,白⑭如不打而长出,其变化则如 囝

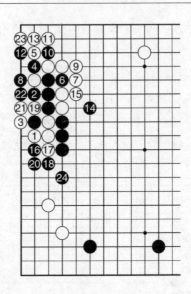

图 2 - 42 - 6

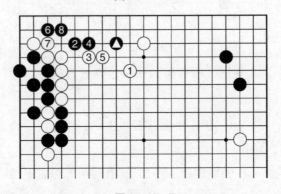

图 2 - 42 - 7

2 -43 - 2。

　图 2 - 43 - 2，黑❷压时白③长出，黑❹扳，至黑❿应是双方可以接受的结果。

　图 2 - 43 - 1 中白⑯长出，黑⓱压，白⑱长，黑⓳贴时白⓴也可以按图 2 -43 - 3 进行。

　图 2 - 43 - 3，黑❶压时白②马步侵，至白⑥压低黑棋也是一种变化。

　图 2 - 43 - 1 中白⓴一间高夹，是以攻击为主的下法，黑❶必然跳起，为了发挥右边黑棋厚势，就不能让白⓴一子和左边得到联络。

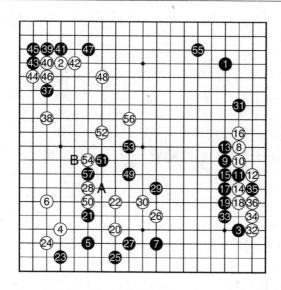

图 2 - 43 - 1

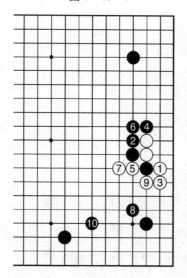

图 2 - 43 - 2

白㉒跳,黑㉓飞角,矛盾! 应于 28 位跳起,贯彻不让白⑳、㉒和左边取得联络的方针。

白㉔尖,黑㉕飞下生根,白㉖继续进入黑模样内,黑㉗弱! 应在 28 位跳。现在被白㉘飞镇后,白棋侵削黑棋厚势成功!

黑❷镇是为了更好地发挥右边厚势而确定模样。

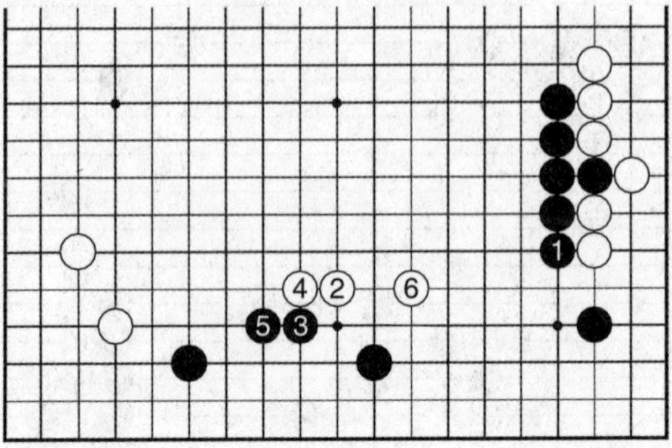

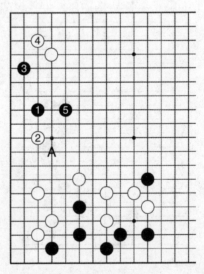

图 2 - 43 - 3

黑❸逼,方向正确! 白㉜托角,黑❸断,好手! 看白棋在哪一边打,决定下一步。

黑❸挂角是常规下法,因为白㉘后两边白棋尚未完成联络,所以应如图 2 -43 - 4 进行。

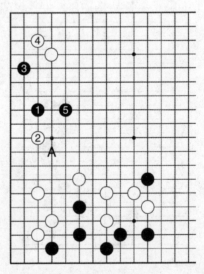

图 2 - 43 - 4

图 2 - 43 - 4,黑❶分投,白②逼,黑❸大飞白④尖守角,黑❺跳起,黑棋轻盈处理,而且瞄着 A 位的冲击手段,这样中间数子白棋有可能被断开。

图 2 - 43 - 1 中白㉘一间低夹至黑❹定式完成之后,白㊽飞起,中间有

成空的可能,而且下边数子白棋不怕攻击。

黑❹飞起是全局要点,一边扩张自己一边瞄着 A 位跨断。

白❺补,黑❺进一步扩张,白❺镇,黑❺缓手,应于 B 位跳入。

白❺飞,不佳! 应按图 2－43－5 进行。

图 2－43－5,白①应顶,自补,白棋上面已成近 60 目大空,黑❷到右边补,白③靠下,黑❹立后全局白优!

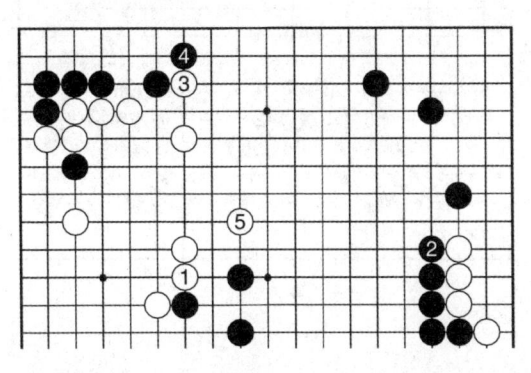

图 2－43－5

图 2－43－1中黑❺抓住时机挖,于是开始了中盘战!

图 2－44－1,当黑❼拆时,白⑧马上在四线打入,是少见的一种挑战,所以本局也决定了开局即是战斗的基调。

黑❾关出是稳重的好手。此时白⑥如在 A 位关也是好形。

白⑩到右边分投,也是不愿下成图 2－44－2 局面。

图 2－44－2,黑❶跳时,白②如按一般下法向左跳,黑❸即占右边大场,白④还要压一手才能净吃黑一子,黑❺再飞起,全局黑优。

图 2－44－1中黑⓫方向正确,是因为有黑❾一子,发展的前景在右下边,如按一般迷你中国流的下法,其变化则如图 2－44－3。

图 2－44－3,黑❶如从上面逼,白②大飞,黑❸飞起,白④在三线尖后已经安定,而黑棋下面模样明显缩小。

图 2－44－1中的白⑫拆三是防黑棋如图 2－44－4 进行。

图 2－44－4,黑❶逼时白②如拆二,黑❸、白④各自大飞后,黑❺ ❼压后下面黑子模样太大。白棋很难入手削侵。

图 2－44－1中白⑫拆三并挂黑角时,黑如在 15 位飞,白即 B 位跳起,

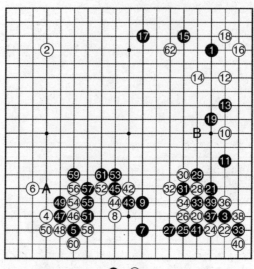

35 = 28

图 2 - 44 - 1

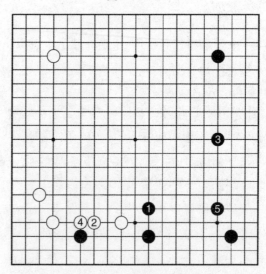

图 2 - 44 - 2

既补偿了拆三的缺陷又限制了下面黑棋的模样。

可见黑⑬打入是不甘示弱。至黑⑲尖起完成了上面的交换。

白⑳马上打入下面黑阵,如在上面继续纠缠,其变化则如图 2 - 44 - 5。

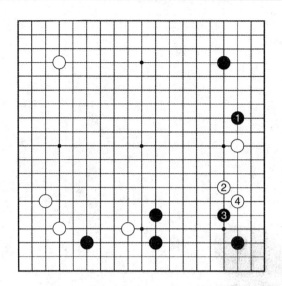

图 2-44-3

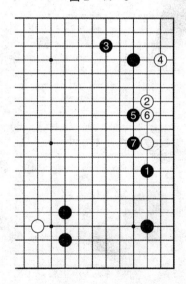

图 2-44-4

图 2-44-5,黑❶尖起时,白②挺出反击。黑❸关出,白④再长,黑❺关一面补白 A 位的冲断,一面要封锁右上角白棋。而白⑥跳时黑❼冷静,好手!由于原来有了白◎和黑▲一子的交换,白棋作战不利。

图 2-44-1 中白㉑在三路小尖会更好,其变化如图 2-44-6。

195

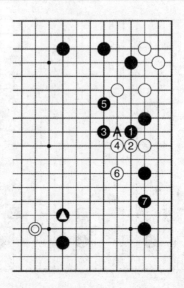

图 2-44-5

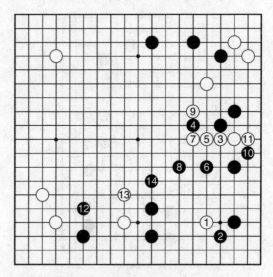

图 2-44-6

图 2-44-6,白①挂时黑❷小尖是搜根的下法,白③到上面挺出,至白⑦时黑❽弃去上面三子而关出,至黑⓮,黑可围成大空。另外,白也可按图 2-44-7 进行。

图 2-44-7,黑❷尖时白③采取轻处理,黑❹守住右边,以下至黑❿立

下后,白棋外面一排白子由于左边有黑▲两子,故尚未安定,处于外逃状态,黑棋主动!

图2-44-1中黑㉕如在40位立下,其变化则如图2-44-8。

图2-44-8,一般来说黑棋大多在A位立下,但白②靠出,黑❸扳,白④虎,黑❺挡后白⑥打,黑❼粘白⑧长出,黑❾不能不补,至白⑩白棋已净活,黑棋不爽!

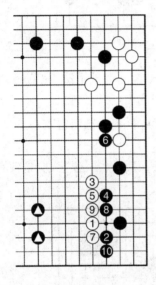

图2-44-7
图2-44-8

另外,图2-44-8中黑❺如改为7位立,其变化则如图2-44-9。

图2-44-9,黑❺不在A位接而改为立,对应至白⑩和图2-44-8大同小异,白仍活棋,这是黑棋不愿看到的结果。

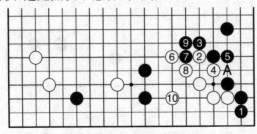

图2-44-9

图2-44-1中白㉖压后白㉘靠,至白㊱夹,好手! 黑勉强在37位

反击。

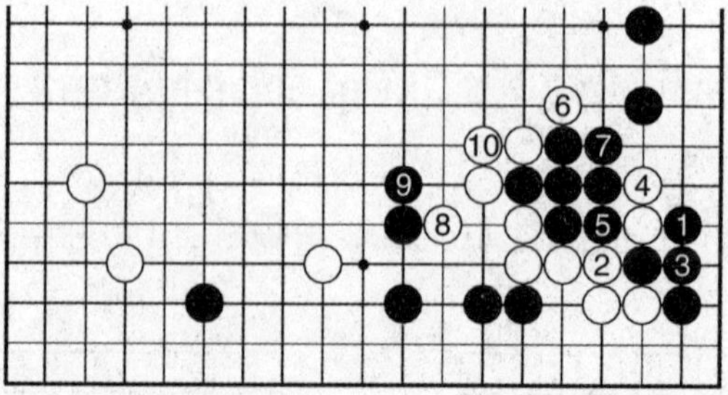

图 2－44－10

图 2－44－10，黑❶到二路虎。白④长是弃子下法，白⑥打，痛快！以下对应至白⑩，黑棋被打成愚形，白棋又得到逸出，黑棋失败！

图 2－44－1 中白㊳ ㊵后白棋虽被断开，但角部活得不小。

白㊷是弃子，因为右边数子精华已尽。

黑㊸、㊺冲断是当然的下法。至黑(61)，下面战斗告一段落，应是各有所得。

白(62)到上面开辟新的战场，开始了中盘。

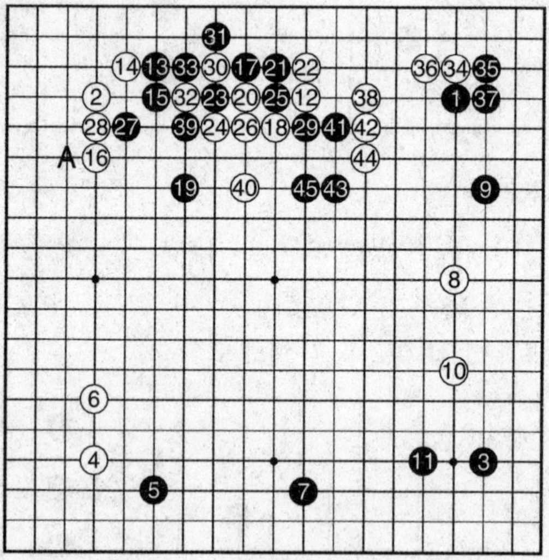

图 2－45－1

图 2－45－1，白⑧ ⑩高位分投是个人趣向。黑⓫不急于攻击白两子而守角，稳扎稳打。

白⑫仍然在四路拆是呼应白右边两子。黑⓭要注意的是白⑫如在 21 位拆,则应在 A 位挂才对!

在右边有白⑫时白⑭尖顶是常识。

白⑱尖时黑⑲大飞出头是不想让白棋脱先,如在 24 位飞,其变化则如图 2－45－2。

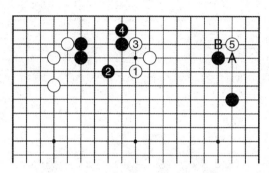

图 2－45－2

图 2－45－2,白①尖时黑❷飞出是一般整形的下法,白③尖顶加强了白棋,等黑❹立下后白⑤到右角点三三。黑如 A 位挡,则白 B 位爬出,正好和左边三子呼应。又如黑在 B 位挡白即 A 位长后,白得角,黑得外势,但正对白左边三子,没有发展前途,所以黑不能满意。

图 2－45－1 中白当然要针对黑⑲的大飞进行反击,于是就在 20 位尖顶,黑㉑长,双方一布局就左上角展开了激战!

黑㉗不得不刺和白㉘交换,稍亏!但为了和黑⑲取得联络只能如此。

黑㉙断后双方骑虎难下。

白㉞是在制造劫材,也是为了白能生根。黑㉟内扳是求平稳,如外扳其变化则比较复杂,如图 2－45－3。

图 2－45－3,黑❶外扳时白②急于到中间开劫,过于急躁,黑❸提劫,白④纽断,黑❺消劫后,白棋虽在右上角取得一定利益,但中间损失惨重。

所以白②应先纽断再开劫,其变化如图 2－45－4。

图 2－45－4,黑❶外扳时白②纽断,使劫材变重,再于 4 位开劫,白⑥打是本身劫材,黑如消劫,白 7 位提,白②一子就可发挥作用。白⑧提时黑❾自补,冷静!至白⑭形成转换,双方均可接受。

图 2－45－1 中白㊱退是恰到好处的一手,如纽断,其变化则如图 2－45－5。

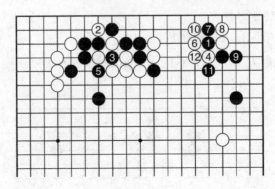

图 2 - 45 - 3

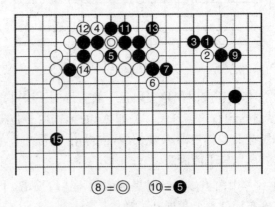

⑧=◎　⑩=❺

图 2 - 45 - 4

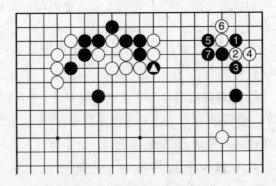

图 2 - 45 - 5

图 2 - 45 - 5 黑❶内扳时,白②纽断,希望得到角上利益,但黑❺、❸打应是命令手,黑❼接后白角上还要补一手棋,这样白棋被分成两块,而黑外势整齐,并且还有黑▲一子的断,白棋几乎已崩溃。

图 2－45－1 中双方对应至黑㊺并时,已进行中盘战了。应是黑棋稍主动一些。

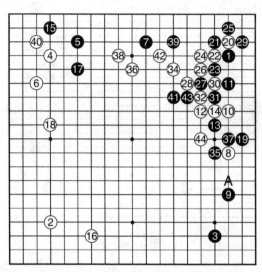

图 2－46－1

图 2－46－1,黑❸下到小目,但上面❺ ❼和小目上的黑❶,仍构成了迷你中国流布局。

白⑧仍在右边分投。

黑❾如进一路在 A 位逼则比较紧凑。

黑⓭是对付白这样形状时常用的手法,白⑭如在三路爬,其变化则如图 **图** 2－46－2。

图 2－46－2,黑❶点时白②如爬,黑❸先到左下角引征,再于 5 位冲,白⑥挡,黑❼断,白棋无后续手段。

图 2－46－1 中的黑⓱一般到左边分投,其变化如 **图** 2－46－3。

图 2－46－3,黑❶分投,白㉑逼黑❸拆二,白④飞,至黑❼后,将成为另一盘棋。

图 2－46－1 中白⑱是当然的一手棋。

黑⓳也是常见下法。

白⑳如挡,其变化则如 **图** 2－46－4。

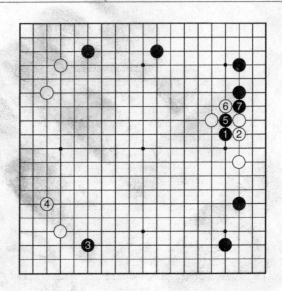

图 2 - 46 - 2

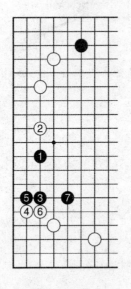

图 2 - 46 - 3   图 2 - 46 - 4

　　图 2 - 46 - 4，黑❶飞下，白②挡，黑❸并，强手！白④只有夹，不能让黑在此双，黑❺爬回，白⑥还要补一手，黑如在此挺出后果不堪设想。

　　黑得到先手在 7 位跳起，当然黑好！

　　图 2 - 46 - 1 中的白⑳到上面求腾挪，但被黑㉑扳，白㉒纽断后黑如打，

其变化则如 2－46－5。

　　 2－46－5 白①纽断时黑❷如在外面打,白③长后白⑤再打,黑❽只有在吃角上一子白棋了。白⑨吃,黑棋不利!

　　 2－46－1 中黑❷打,白❷长,黑❷打时白❷曲,再白❷扳,白棋两边已经联络上了。黑如强行断,其变化则如 2－46－6。

　　 2－46－6,白①扳时黑❷断,无理! 至白⑦立是弃子手筋。黑❽只有挡,白⑨ ⑪先手封住黑棋。再于 13 位抱吃黑❷一子,黑棋全无回手之力。

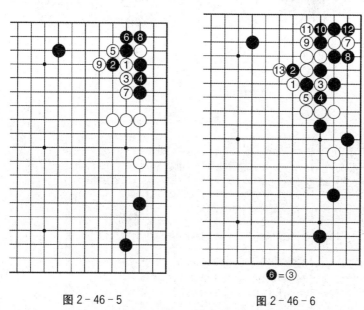

图 2－46－5　　　　　　　　图 2－46－6

⑥＝③

　　 2－46－1 中的黑❷提是本手,至白❷补断还是两分局面。

　　黑❸靠是好手,白❸不能马上出动,否则其变化如 2－46－7。

　　 2－46－7,黑❶靠时白②马上冲,黑❸挡,以下至黑❼顺势冲出,白棋被分成两块,都没有安定,将被攻击。

　　 2－46－1 中白❸吊,先安定上边。黑❸也把右边补干净,白❸尖,大! 黑❸只有跳以便和右上角联络。白❸一边守角一边搜根。右上角三子黑棋变薄。

　　黑❹试应手,白❹当然不会老实接上。

　　黑❹断,白❹点后开始了中盘战。

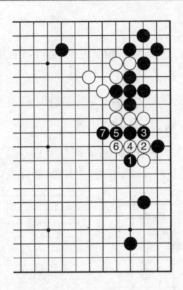

图 2 - 46 - 7

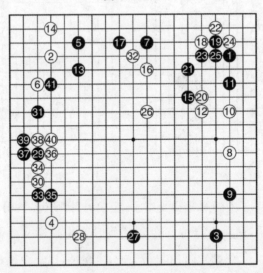

图 2 - 47 - 1

图 2 - 47 - 1,黑在 11 位逼后,白⑫关出是常见对应。而黑⑬跳则较少见。一般多如**图** 2 - 47 - 2 的下法。

图 2 - 47 - 2,黑❶到左下角挂,白②一间低夹,至黑⓫拆是常见定式。白⑫得到先手到上面打入,这将成为另一盘棋。另外,也可如**图** 2 - 47 - 3 进行。

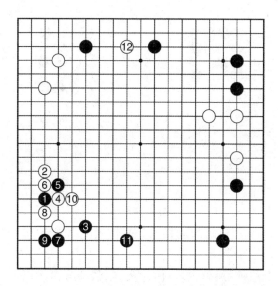

图 2－47－2

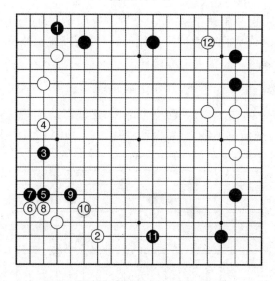

图 2－47－3

图 2－47－3，黑❶也有在左上角向里飞的，白②也大飞守住左下角，黑❸分投至白⑫到右上角挂，也是常见布局。

而**图** 2－47－1中黑⓭跳起是一种趣向，是期待下成**图** 2－47－4的局面。

205

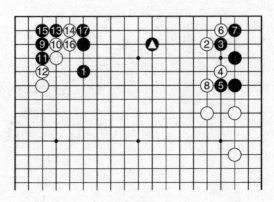

图 2－47－4

⚫ 2－47－4,黑❶跳起的目的是想扩张上面黑棋的模样,同时瞄着白棋左边上角三三。

白②如到右上角挂,黑❸尖顶,白④飞,黑❺冲至白⑧挡,黑角已经安定,而白棋的外势则因有黑△一子而得不到发展。

黑❾又是先手抢到左上角点三三,黑❶夹后白棋很为难。

⚫ 2－47－1中白⑭看清了黑棋的算计,所以跳起补角。

黑❶是大场。进一步扩大上面模样。

白⑯吊,黑❶稳重。如小飞,其变化则如 ⚫ 2－47－5 。

⚫ 2－47－5,白①镇,黑❷小飞,白③正好借劲压,黑❹长,白⑤到右上角挂,和黑棋进行交换至黑⓬,然后保留变化,在 13 位跳起,白棋轻灵。

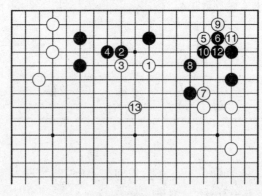

图 2－47－5

⚫ 2－47－1中白⑱挂,黑⓳尖顶是必然的一手。白⑳先便宜一下,再

22 位扳,黑❷强手。如按 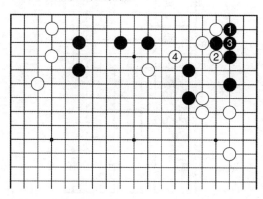2－47－6进行,则:

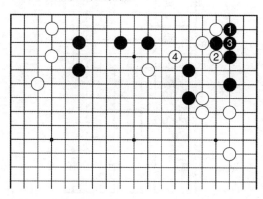2－47－6,黑❶如内扳,白②打一手,大爽! 白④再飞出,棋形舒展且有弹性。黑棋一时找不到攻击要点。

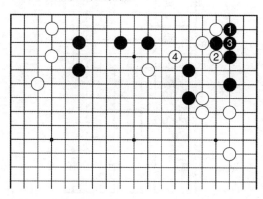

图 2－47－6

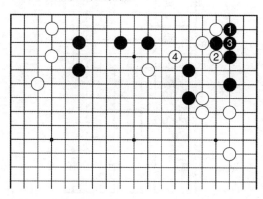2－47－1中黑❷、白㉘是黑白双方各得一处的大场。黑❷分投,白㉚逼,黑❸拆,均为正应。

白㉜是想让黑棋在上面应一手,但黑❸却径直到左下角碰。

白㉞并是最强手。如上长,其变化则如 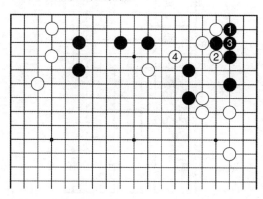2－47－7。

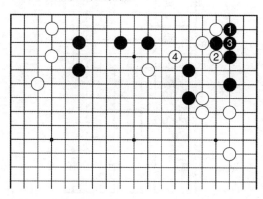2－47－7,黑❶碰时白②上挺,黑❸扳,白④当然扳,黑❺先托一手后再 7 位虎,好手! 至黑⓫先扳后黑棋已活。

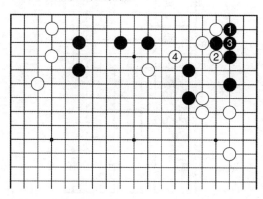2－47－1中黑㉟长出,白㊱扳后至黑㊶靠,黑棋已经得到安定,全局黑棋稍占优势。

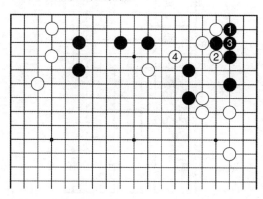2－48－1,在现代布局中往往一开始即是战斗。像本局这样双方堂堂正正布局真不多见了。白⑧分投,黑❾小飞应,平和! 但在平淡之中也暗藏杀机。以下会有如 2－48－2的变化。

2－48－2,黑❶逼,白②拆二,黑❸拆一虽小但却是逼白④跳起的好手。黑❺飞起扩张下面模样。白势必在 A 位打入,这将又是一个一开局即是战斗的布局了。

2－48－1中黑⓭和白⓮各占大场,黑⓯分投至黑㉕拆,双方均为正应。

白㉖马步侵后再在 28 位五线高拆,是特殊构思。如按一般下法,则有如

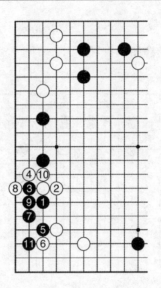

图 2 - 47 - 7

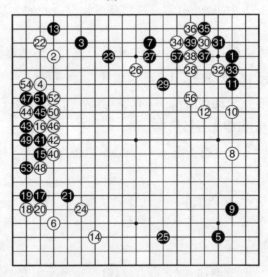

图 2 - 48 - 1

2 - 48 - 3 的变化。

 2 - 48 - 3，白①打入黑棋阵内，是常见下法。黑❷挡，白③先扳一手再 5 位拆应是两分。

 2 - 48 - 1 中的黑㉙分开白棋。白㉚飞下挂角是预定方针。黑㉛尖

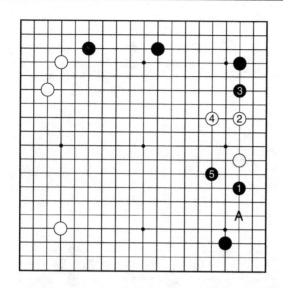

图 2 - 48 - 2

顶,白㉜刺一手后再在 34 位拆一,黑不好!应按 图 2 - 48 - 4 所示进行。

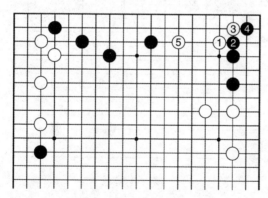

图 2 - 48 - 3

图 2 - 48 - 4 白①立下才是正应。黑如 2 位跳,白③挡后黑棋没有更好的攻击白棋手段。而且留有 A 位跳入的大官子。

图 2 - 48 - 1 中黑㉟机敏!马上扳,至黑㊴成劫争,所谓开局无劫,白㊵勉强到左边靠。黑㊶应,再 43 位扳是为争取先手。至黑㊾接,白㊿如在 53 位立下,则有如 图 2 - 48 - 5 的变化。

图 2 - 48 - 5,白①立下,黑❷贴出,白③防黑 A 位断不能不补,黑❹跳

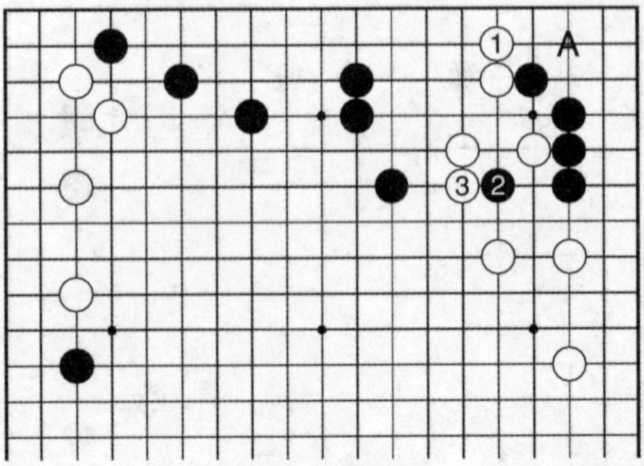

图 2－48－4

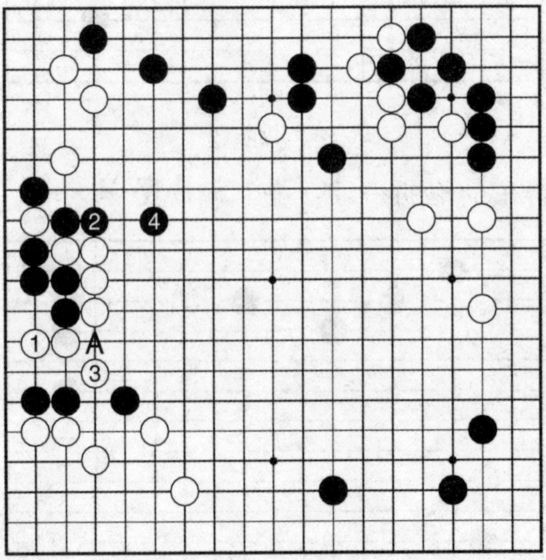

图 2－48－5

起后，黑棋局面广阔，是黑大优的局面。这是白棋贪吃下面黑棋三子的结果。

图 2－48－1 中白(54)打吃，黑(55)粘劫是先手。白只有 56 位跳补，黑(57)位断后，全局黑棋优势。

第八节　小　林　流

20 世纪 80 年代日本棋手小林光一创造了一种新的布局，被人称“小林流”。这种布局遵循先挂角或者先守角的传统布局理论。布局速度快，在局部形成以多打少的局面。黑棋灵活作战,通过进攻获得实地;或将局面引入均衡,通过官子来取胜。

这种布局很受棋手欢迎,并形成了一套完整的定式化下法。

图 2-49-1,黑❶星位,黑❸在对向小目。然后黑❺挂角后即在 A 位拆是所谓小林流布局。也有如谱在 7 位拆的,同样是小林流。

白⑧二间低挂,是小林流布局中常用的一手棋。黑❾关起是为了和右边黑❺❼两子相呼应以形成大模样。白⑩向角里飞是重视实利的下法。

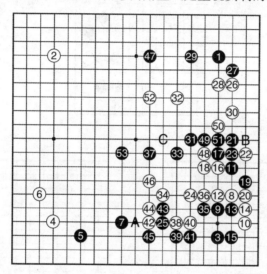

图 2-49-1

黑⓫逼,白⑫贴长,黑⓭先退再黑⓯并,是下边和右上都要的强手。

白⑯如在 24 位关,则会形成如 图 2-49-2 的变化。

图 2-49-2,白①关出,黑❷刺是黑棋的先手权利。

黑❹飞出守住下边,白⑤压靠,黑❻跳出是本手,如 A 位扳则过强!因为白可于 B 位断,而黑反而无后续手段。

白⑦飞后再到右上角点,棋形舒展,轻灵!局面占优。

但黑❹也可改为按如 图 2-49-3 进行。

图 2-49-3,黑❷刺后黑❹可以并,好手!白⑤如飞下,黑❻即挖,至黑⓬是黑棋充分可下的局面。

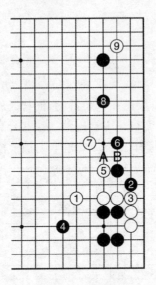

图 2 - 49 - 2

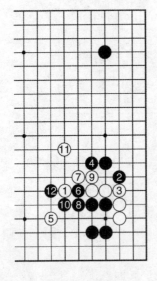

图 2 - 49 - 3

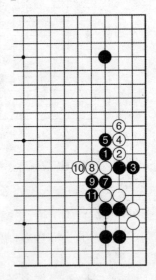

图 2 - 49 - 4

图 2 - 49 - 1 中黑❶扒时白⑱如断则会形成如 **图** 2 - 49 - 4 的变化。

图 2 - 49 - 4，黑❶扳时白②断，无理！黑❸立下是所谓"纽十字时向一边长"的典型应法。

白④长，黑❺压是绝对先手，等白⑥长后再黑❼打，以下至黑⓫曲，白棋已经无法再进行下去了。

白④如改为贴下，则会形成如 **图** 2 - 49 - 5 的变化。

图 2 - 49 - 5，白④贴下，黑❺长是弃子取势的下法。

至黑⓫是双方必然对应。黑棋弃去两子，包住白棋，和右上角一子◤黑棋配置绝好！而白棋虽吃得黑两子，但棋形愚重。所得实利不多，明显白亏！

图 2 - 49 - 1 中黑㉑最好按 **图** 2 - 49 - 6 所示对应。

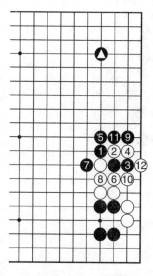

图 2 - 49 - 5

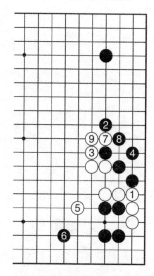

图 2 - 49 - 6

图 2 - 49 - 6，白①接时黑❷不在 8 位虎而是跳出，白③曲，黑❹在二线虎是手筋。白⑤飞下，要点！黑❻拆二，本手！至白⑨是双方均可接受的下法。

图 2 - 49 - 1 中黑㉑虎，白㉒抓住时机点，黑如 B 位挡下，则白 48 位曲，黑苦！

白㉔跳，要点！如被黑在 36 位扳，黑不爽！

黑㉕恰到好处，如在 35 位拆，白可在 42 位打入！

白㉖必须打，如在 31 位飞本身虽是很舒服的一手棋，但黑走 28 位关，角部实利太大。所以在 26 位打入,力求地域平衡。

黑❷必然要尖顶,再于 29 位拆,白㉚拆一,缓手! 应如图 2－49－7 进行。

图 2－49－7,黑❶尖顶时白②应罩住黑棋,黑❸尖,白④挡,黑❺跳企图 A 位扳出,白⑥靠后再 8 位扳,黑棋两边已被分开,白棋棋形优。

另外,黑❷如在 12 位拆,白即 A 位尖,黑仍要做活。白棋满意。

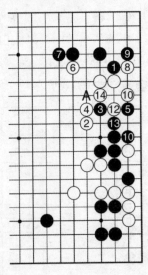

图 2－49－7

图 2－49－1 中黑❸尖,一面自己保持出头,一面威胁白棋,但能在 C 位 跳就更好! 会形成如图 2－49－8 的变化。

图 2－49－8,黑❶跳,白②也应关出。黑❸长,补强下面,至黑❾应是黑 棋稍优的局面。

图 2－49－1 中白㊳应到上面占大场,但它却在中间交换至白㊻反而落 了后手,被黑占到 47 位,黑已优势。

以下双方白㊽、黑㊼向中间跳,已是中盘了。

图 2－50－1,白⑯改为二路虎,黑❿扳起,至白⑳是小林流的一种定式 型下法。

其中白⑩飞时黑如在 18 位一间高夹,其变化则如图 2－50－2。

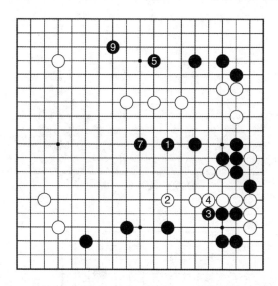

图 2-49-8

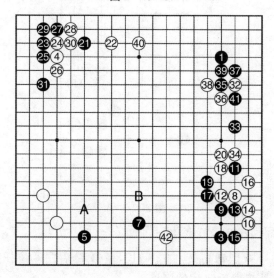

图 2-50-1

图 2-50-2,白①向角里飞时,黑❷一间高夹,也是一种定式下法,白③冲,黑❹是取外势。白⑤扳,黑❻当然要断,以下是双方都不能让步的下法,白得实利和先手,而黑得外势,应是两分。

以后白如 A 位飞,黑可 B 位靠下。

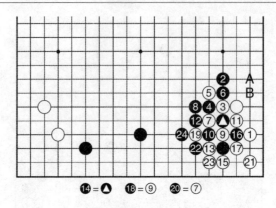

14 = ▲ 18 = ⑨ 20 = ⑦

图 2 - 50 - 2

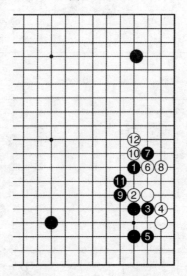

图 2 - 50 - 3

黑❷高夹时白如贴长,其变化则如图 2 - 50 - 3。

图 2 - 50 - 3 黑❶高夹,白②贴长,黑❸ ❺后白⑥位托,也是一种变化。至白⑫仍是白得外势黑得实利的格局。

黑❶也有在 2 位长的,则会形成如图 2 - 50 - 4 的变化。

图 2 - 50 - 4,白①飞时黑❷直接压,当然是为了配合左边两子▲黑棋形成模样。白③长,黑❹进一步扩大外势,白⑤先到角上交换一手,至白⑨飞是不让黑棋有所借用。

以后黑如要加强外势,在 A 位并是本手。

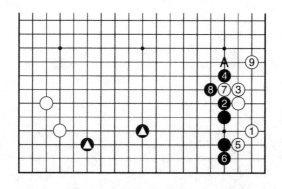

图 2 - 50 - 4

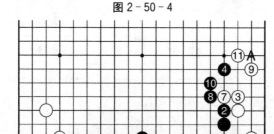

图 2 - 50 - 5

而黑❹如改为 A 位，则会形成如 🈸 2 - 50 - 5 的变化，也是常见型。

🈸 2 - 50 - 5，黑❹改为罩也是一型，至白⑨飞时黑❿长，黑外势整齐。白⑪尖不可省，否则黑 A 位靠下，白被封锁在内，不利！

🈸 2 - 50 - 1 中白⑳长后，黑如在 A 位跳起，则黑棋只有下面一块独空，会很风险，所以应到上面挂，这样全局才平衡。

白㉒夹以下至黑㉛白棋得到了先手，到右上角挂，是为了到下面打入做准备。如直接打入，其变化则如 🈸 2 - 50 - 6。

🈸 2 - 50 - 6，白①打入，黑❷扎钉可以护住右边大空，白③压时黑❹ ❻抢占大场，以下对应至黑⓰是大致可能的下法，黑棋不坏。

如到右边打入，其变化则如 🈸 2 - 50 - 7。

🈸 2 - 50 - 7，白①到右下边打入，黑❷尖顶至白⑨曲也是可以想见的对应，结果黑❿得到先手到左下角小飞，可以满意。

217

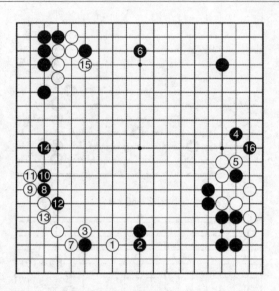

图 2-50-6

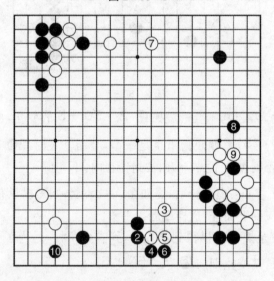

图 2-50-7

　　图 2-50-1 中右上角白⑩拆后黑㊶见小,应在 B 位关起,守住下面大场,全局黑棋优势。

　　白㊷抓住时机马上打入,中盘战斗开始。

　　图 2-51-1,双方对应至白⑳是小林流的常见下法之一,其中白⑭和黑

⓯也可不做交换,因为白棋已安定。以后可以如图 2-51-2进行。

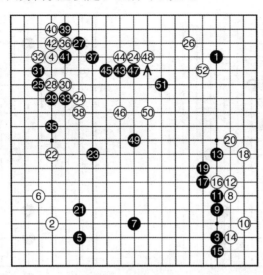

图 2-51-1

图 2-51-2,白①打入 ,黑❷扎钉,白③拆一后再 A 位托,不难做活。

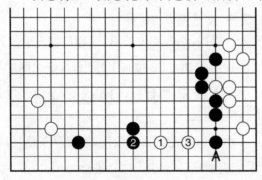

图 2-51-2

图 2-51-1中白⑳后黑㉑跳起是发展下面黑棋势力的要点。

白㉒应在 24 位拆,更大一些。黑㉓进一步扩大下面模样。

黑㉕挂,好点,白棋很难应付。白如尖顶,其变化则如图 2-51-3。

图 2-51-3,黑❶挂,白②尖顶,黑❸挺起,白④跳,黑❺拆二后得到了安定,白◎一子有落空的感觉。

图 2-51-1中黑㉕挂时,白如在下面一间低夹,其变化则如图 2-

51 −4。

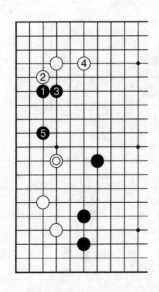

图 2 − 51 − 3

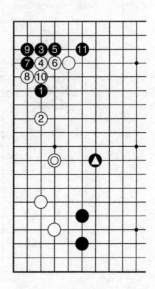

图 2 − 51 − 4

图 2 − 51 − 4,黑❶挂时,白②一间低夹,黑❸点三三后至黑⓫折一,白◎一子和黑▲一子的交换,显然黑棋占了便宜。

其中白④如改为5位挡,黑即4位长出,这样白◎一子位置更坏。

图 2 − 51 − 1中白㉖如在28位马上压出,其变化则如图 2 − 51 −5。

图 2 − 51 − 5,白②压靠,黑❸扳,白④虎下,至白⑧也是定式,白◎一子的位置正好阻止了黑棋发展。

图 2 − 51 − 1中白㉖脱先到右上角挂,黑㉗双飞燕,白㉘压后至白㉞扳,过强!黑㉟跳,缓手!应如图 2 − 51 −6进行。

图 2 − 51 − 6,白①扳时,黑应在2位冲,白③挡,黑❹断,至白⑨提黑两子,白虽得外势,但白◎和黑▲一子的交换明显重复,不理想!而且黑得先手。

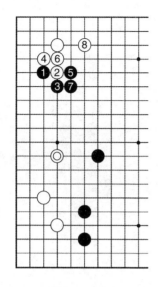

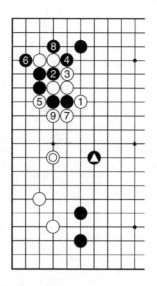

图 2 - 51 - 5　　　　　　图 2 - 51 - 6

🐱 2 - 51 - 1 中白抓住时机在 36 位顶后,白㊳挺出,已掌握了全局主动权。至白㊻镇是一石二鸟的好手。既攻击了上面黑棋,又破坏了黑棋中腹模样。

黑㊼压一手,白㊽应后还应该在 A 位压。黑为了守住中间大空而到 49 位围,有些过分!

白㊿跳,黑㉑不得不飞出,白㉒又是好手,两边行棋。

以下中盘战开始,全局白棋主动。

🐱 2 - 52 - 1,黑❾如在 A 位尖,其变化则如 🐱 2 - 52 - 2。

🐱 2 - 52 - 2,白①挂,黑❷小尖是稳健的下法,白③拆或 A 位斜拆三,这将成为另一盘棋。

🐱 2 - 52 - 1 中黑⓯后白⓰托是正应,如在 19 位挺出,其变化则如 🐱 2 -52 - 3。

🐱 2 - 52 - 3,黑❶并时白②挺出,黑先 3 位点,白棋很难受,只好 4 位接,黑❺守住下边,白⑥夹时黑❼顶是俗手中的好手!白棋被分在两处,很难兼顾。

白如 A 位立,黑还可以 B 位跳下,白 C 黑 D 后,白不好办!

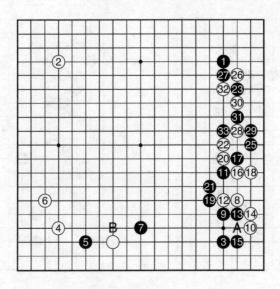

图 2 - 52 - 1

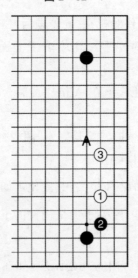

图 2 - 52 - 2

图 2－52－1中白⑳断时黑㉑退，平稳！如改为打，其变化则如图 2－52－4。

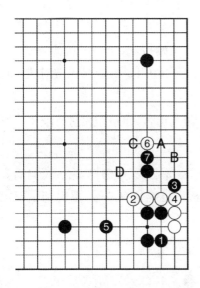

图 2－52－3

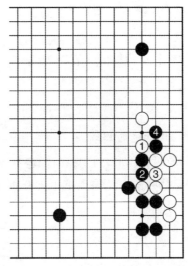

图 2－52－4

图 2－52－4，白①纽断时黑❷打，白③接后黑❹长出。以下变化非常复杂，至今尚未形成两分的定式，所以一般很少采用。

图 2－52－1 中白㉔本应在上面31位补一手，现在直接打入，过早！黑棋抓住机会不在下面应而到25位小尖，白棋很难对应。

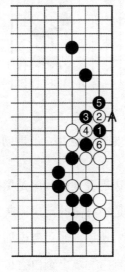

图 2－52－5

白㉖应按 🈂 2－52－5 进行。

🈂 2－52－5，黑❶尖时白②靠下，黑❸扳起，至白⑥提黑一子，黑棋❸❺已经便宜。可以暂时不在 A 位提而到左下角 B 位压，应是正常对应。现在到角上碰是寻求腾挪的下法。

🈂 2－52－1 中的黑㉗压再 29 位长出，黑㉛也挖出进行反击，白㉜打，黑如长出，其变化则如 🈂 2－52－6。

🈂 2－52－6，白①打时黑②立下，白③贴长，黑❹打，白⑤反打后弃去两子，提得黑▲一子。结果黑棋角上有所得，白虽说稍有点亏，但得到了安定可以满足。

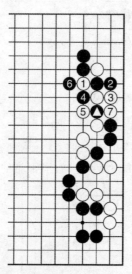

图 2－52－6

🈂 2－52－1 中的黑棋当然要进一步贯彻原来攻击白棋的意图。所以在 33 位打，进行反击。

布局到此结束，双方在右边展开大战！应是黑棋主动！

🈂 2－53－1，右下角是小林流的定式下法。但白⑳是后手。

黑㉑飞起在下面形成大空，所以白⑯可考虑如 🈂 2－53－2 进行。

🈂 2－53－2，黑❶立时白②跳出至白⑭也是定式。这样白②正对黑棋下面模样，比 🈂 2－53－1 的结果要好一些。

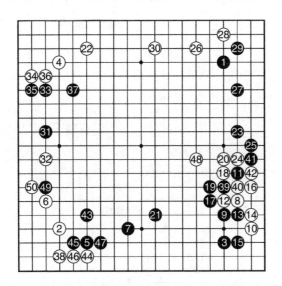

图 2 - 53 - 1

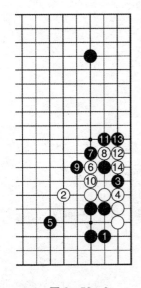

图 2 - 53 - 2

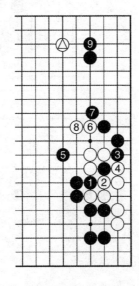

图 2 - 53 - 3

图 2－53－1中的白㉒守角,黑㉓拆是瞄着右边白棋。

白㉔时黑可到31位分投。

黑㉕小尖是一种取向。

白㉖如在41位挡则弱。所以脱先去挂角。

黑㉗小飞守角是按常形下棋,但却是缓手,应按 图 2-53-3 进行。

图 2-53-3,白◎挂时黑❶ ❸应和白② ④交换后再 5 位飞起,逼白⑥ ⑧出头,再 9 位玉柱守角。结果应比实战好得多!

其中白⑥如脱先黑即按 图 2-53-4 进行。

图 2-53-4 上图中白⑥到角上点,黑在 ❼ ❾定型后,于 11 位关。白 ⑫必须补,黑⓭飞出,全局黑棋主动。

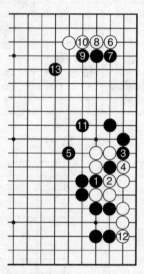

图 2-53-4

图 2-53-1 中的白㉚后黑㉛分投至黑㊲是正常对应。

白㊳跳下,大! 黑㊴ ㊶交换后黑㊸应在 48 位飞。

白㊹先手,便宜! 后于 48 位跳起。这样黑㉕只是官子而已,没有贯彻攻击白棋的原来方针。

黑㊾寻找战机,中盘战开始。

图 2-54-1 黑小林流,白⑧改为在右下角二间高挂,黑❾一间低夹。也有在角上小飞的,则形成 图 2-54-2 的变化。

图 2-54-2,白①二间高挂,黑❷小飞应是重视角上实利。至白⑪退后,白棋外势不错,黑为防白 A 位夹,也在 12 位飞起,应是两分的结果。图中白⑦曲时,黑❽改为 B 位虎,则形成如 图 2-54-3 的变化。

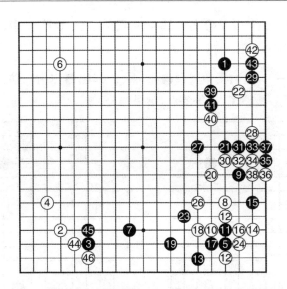

图 2-54-1

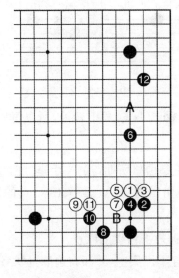

图 2-54-2

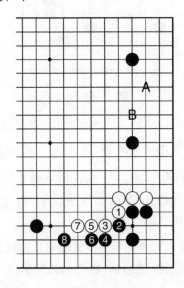

图 2-54-3

图 2-54-3,白①曲时黑❷虎,白③扳至白⑦长,黑❽跳,白得到先手,即到 A 位挂角或 B 位夹得以发挥下面厚势的威力。

图 2-54-4,当黑❶飞时,白②采取了"走不好就不走"的棋谚,到上面挂,至白⑧时,白棋轻灵,也不坏!

227

图 2-54-1 中黑❾夹也是一种下法,白❿飞下,黑⓫冲,白⓬挡,一般黑都如图 2-54-5 对应。

图 2-54-5,白①顶时黑❷曲,白③长,黑❹飞白⑤在二线和黑❻交换一手后再 7 位顶,黑❽飞,必争要点,结果两分。

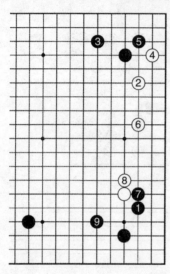 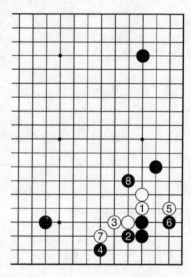

图 2-54-4　　　　　　　　　图 2-54-5

图 2-54-1 中的白⓮飞是因为黑⓭是小飞,角上转薄,所以可以进一路。而黑⓯不愿按图 2-54-6 进行。

图 2-54-6,白①时黑❷如靠下,正是白棋所期待的一手棋。白③正好补方。黑❹跳起,白⑤后眼位丰富,而且黑角留有白 A、黑 B、白 C 点的手段。这是黑棋不能容忍的。

图 2-54-1 中黑⓯飞是彻底在贯彻攻击白棋的原意。

白⓰顶,黑⓱拐,再白⓲长黑⓳位飞护佳下面实空,并和右边取得联络。

白⓴飞是形,至白㉘飞,黑如挡下,其变化则如图 2-54-7。

图 2-54-7,白①飞,黑❷挡是最容易下出的随手棋,也正是白棋所希望的。白③长,黑❹不得不接上。白⑤飞角,上面已经安定,下边白棋可以用 A 位靠来先手补断,不怕黑棋攻击。

所以图 2-54-1 中黑㉙到上面攻击白棋,以攻为守,白㉚尖后形成大转换。

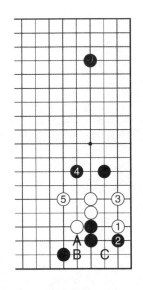

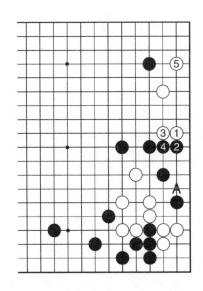

图 2 - 54 - 6　　　　　　　　图 2 - 54 - 7

至黑❹❸,黑棋和白棋各自都围了相当的实空。但相比较起来白棋比较坚实!黑棋虽大但稍虚一些。所以白棋到右下角尖。

中盘战即将开始!

🐢 2 - 55 - 1,小林流布局,在下面形成模样等待对方打入,以多打少对其攻击,所以往往一开局就有战斗。

黑⓯时白⓰如愿 47 位跳起将有 🐢 2 - 55 - 2 的变化。

🐢 2 - 55 - 2,白①跳,黑❷尖,再黑❹并。曾使白棋很难,所以现在这样下的人很少了。

白如 8 位虎,黑即于 A 位拆二,白棋未净活,将受到攻击!

如白⑤先飞下,则黑❻挖,强手!白⑦ ⑨后黑于 10 位冲,白⑪轻灵。黑⓬不能让白棋在此挡,白⑬飞下。这时要看黑❷ ❹等三子处理结果来定其优劣了。

🐢 2 - 55 - 3,黑❶并时白②改为先顶一手后,黑❸扳,白④再飞下,黑如还按前图在 5 位挖打,白⑧接后由于有了白②一子结果就不一样了。以下是必然对应,白㉔跳下后黑棋几乎崩溃。

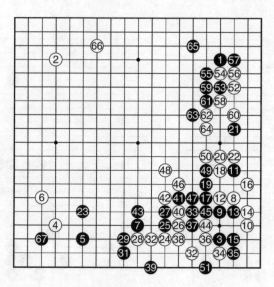

图 2 - 55 - 1

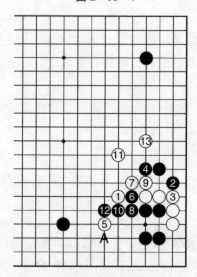

图 2 - 55 - 2

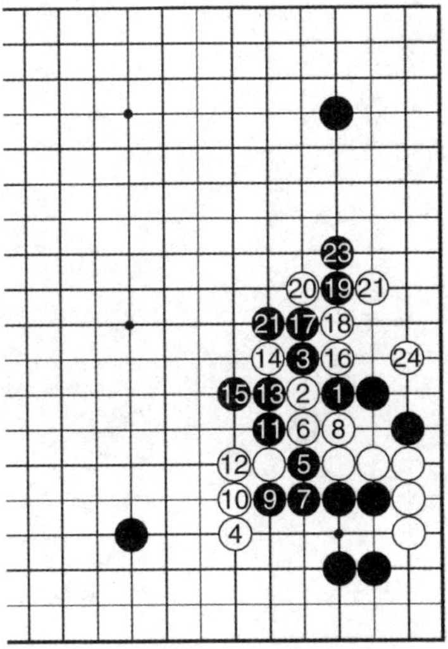

图 2－55－3

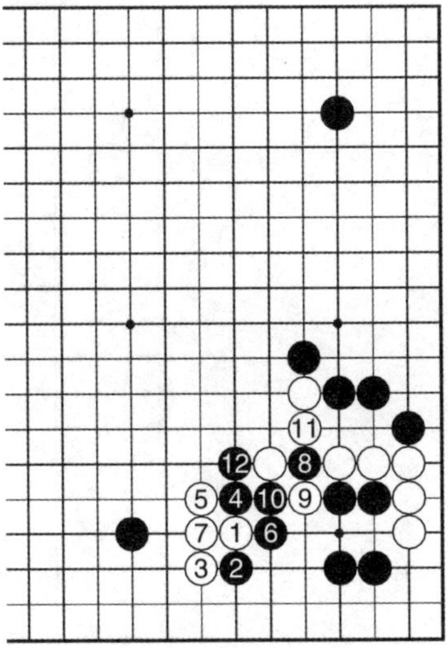

图 2－55－4

所以白①飞时黑应按图 2－55－4 所示进行。

图 2－55－4，当白①飞下时，黑❷托，白③扳下，黑❹夹，白⑤虎是最强应手。黑❻打以下至黑⓬曲出，其结果将是双方展开激战。

图 2－55－5，当白①(图 2－55－3 的白②)顶时，黑❷到下面拆，白③到上面并是本手，黑❹拆。双方相安，白得先手，是最简明下法。

图 2－55－1 中至白㉒是常见对应，黑23到左边跳起扩大模样。

白㉔打入是精心研究过的棋，至白㉜飞，白棋可以做活。黑如改为尖顶，其变化则如图 2－55－6。

图 2－55－6，白①飞时黑❷尖顶，白③挤，妙手！黑❹打后至白⑬，白棋逃出，黑棋被白棋在模样内掏掉一块，当然不爽！

图 2－55－1 中至黑51，白棋被吃，但白棋得到了厚势和先手，也不能算吃亏。

白52挂后至黑65守是本手，白66飞角，黑67到右下角点，开辟新的战场。中盘战开始。

图 2－56－1，小林流，白⑧高挂，黑❾如在左边飞，其变化则如图 2－56－2 。

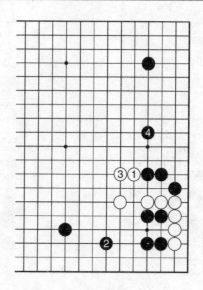

图 2 - 55 - 5

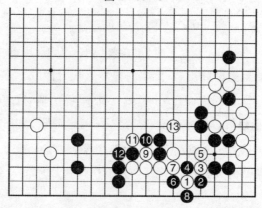

图 2 - 55 - 6

图 2 - 56 - 2，白①二间高挂时，黑❷在右边飞应，虽不多见，但也是一种下法，白③曲是帮助黑❹顶，不好！至白⑦拆，以后黑 A 位飞是实利相当大的一手棋。所以白棋应按**图** 2 - 56 - 3 进行。

图 2 - 56 - 3，黑❷飞时，白③贴长，黑❹也贴下，白⑤立后至白⑪飞角，大！黑棋左边尚有 A 位打，黑棋不爽 。

图 2 - 56 - 1 中白⑧高挂后，黑❾三路飞，白⑩分投，黑⓫挺起，白⑫拆二，黑⓭飞起，都是正应。

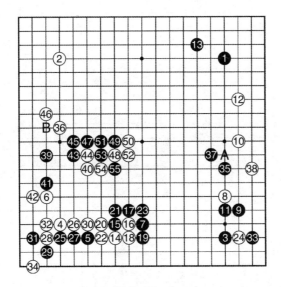

图 2 - 56 - 1

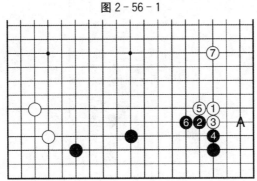

图 2 - 56 - 2

白⑭得到先手打入。

黑❶压至黑❷接是必然对应。

白㉔本应在 30 位曲一手,这样左下角黑❺一子即无活动的可能了。但白⑧和黑❾做过交换,黑右下角已很坚固,可以于 35 位或 A 位压迫白棋。所以白㉔到右下角托试应手。

黑如在二线立下,其变化则如 图 2 - 56 - 4。

图 2 - 56 - 4,白①靠,黑❷立下,白③马上贴下,黑❹上扳是为保卫左边大模样。白⑤ ⑦到二线扳粘后和上面白◎一子成为好形,而黑还有断头,白有种种利用,黑棋不爽。

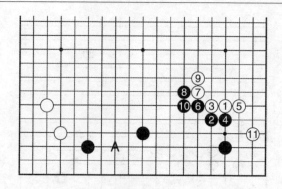

图 2 - 56 - 3

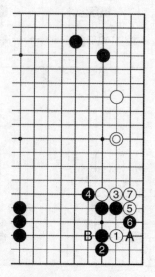

图 2 - 56 - 4

黑❷如 A 位夹,白即于 B 位反夹,也有所利用。

🖼 2 - 56 - 1 中黑㉕脱先到左下角托至白㉘扳,黑如冲出,其变化则如 🖼 2 - 56 - 5。

🖼 2 - 56 - 5,白①扳时黑❷冲,以下至白⑰成劫,是双方必然对应。白⑲到右角找劫材,黑⑳消劫,白㉑打,形成转换,得失本来相当,但由于黑❻、❽在左边一定损失,所以不愿这样下。

🖼 2 - 56 - 1 中白㉚不能不接。黑㉝如在下面做活,其变化则如 🖼 2 - 56 - 6。

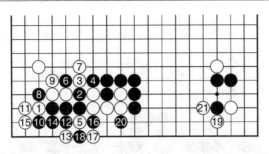

图 2 - 56 - 5

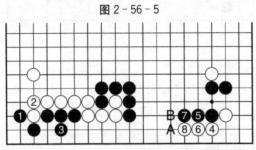

图 2 - 56 - 6

🏳 2 - 56 - 6,黑❶打后再 3 位做活,局部无不满,但白④到右下角扳后至白⑧,黑棋无好应手。如在 A 位扳白即 B 位断,黑不爽!黑如 B 位退,白棋即在角上活棋。

所以 🏳 2 - 56 - 1 中黑❸到右角吃净白一子。

白㉞当然也点钉左下角黑棋。

黑㉟是限制角上白棋出动。

白㊱拆,大场。黑㊲和白㊳交换后到左边 39 位打入 ,白㊵是对自己厚势最大的利用,如在 A 位应,其变化则如 🏳 2 - 56 - 7。

🏳 2 - 56 - 7 黑❶打入时白②如果在上面扎钉,黑即 3 位碰后在 5 位大飞,一边加强自己的模样,一边破坏了白地,当然惬意!

所以 🏳 2 - 56 - 1 中白㊵占据要点,黑㊶碰,白㊷是防黑角有复活的可能。

以下双方在中间展开战斗。黑㊺后,一场大战即将开始。

🏳 2 - 57 - 1,小林流布局下得很平淡,开局没有战斗的不多,而本局是一个典型实例。

白⑧挂时,黑大多在 A 位关,在 9 位尖就说明这将是一场平和的对局。

235

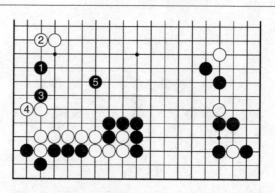

图 2 - 56 - 7

白⑫也多在 B 位小飞,白⑯按定式应在 38 位补一手。

白⑯挂,黑⑰立是想和左边黑⑮呼应,既守住角地又在上面形成模样。

其中黑⑰如按定式其变化则如❀ 2 - 57 - 2。

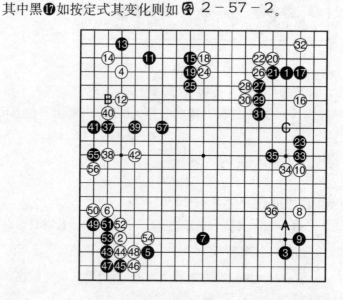

图 2 - 57 - 1

❀ 2 - 57 - 2,黑❷关,白③飞,黑❹尖,白⑤小飞,这是双方平稳的下法,将成为另一盘棋。

❀ 2 - 57 - 1 中白⑱碰,是针对黑⑰的一手棋,目的是要在上面比较从容地活出一块地来。

❀ 2 - 57 - 3,白①碰,黑❷上扳,白③长,黑❹立下,至黑⑩挡,比实战中

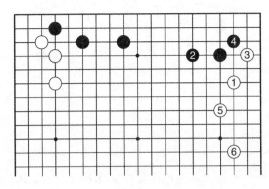

图 2 - 57 - 2

黑棋要优一些。

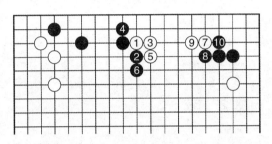

图 2 - 57 - 3

图 2 - 57 - 1 中白⑳扳其变化则如 **图** 2 - 57 - 4。

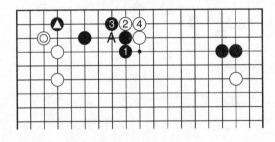

图 2 - 57 - 4

图 2 - 57 - 4,白②在二线扳,黑❸挡白④粘,后黑有 A 位断,白只有弃去黑❸一子,这样黑▲和白◎的交换明显吃亏了。

图 2 - 57 - 1 中黑⑲的最佳应法如 **图** 2 - 57 - 5。

图 2 - 57 - 5,白①立下,黑❷立下,白③跳起,黑❹挺起,这样白棋就没有什么作用了。

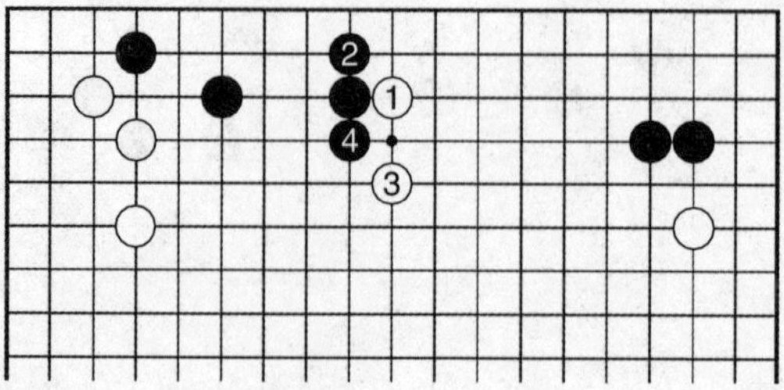

图 2－57－5

图 2－57－1 中的白⑳到角上是求安定的下法，黑㉑压，白㉒退，黑㉓当然到右边控制住白⑯一子，不能让白两边都下好。

白㉔和黑㉕交换一手再到角上扩大自己，白㉜不只是让白棋生根，而且实利很大。同时还削弱了黑棋阵势，还有在 C 位逃出白⑯一子的企图。

黑㉝ ㉟补强自己，正是不让白⑯一子有所活动，也是不得已的下法。

黑㊲开始打入左边白棋阵营，白㊳逼，方向正确。黑㊴跳，白㊵顶，黑㊶立后白㊷跳，黑㊸点角，贪小！至白(54)扳，白棋得到相当外势，全局稍优。

其中黑㊸应，如图 2－57－6 进行。

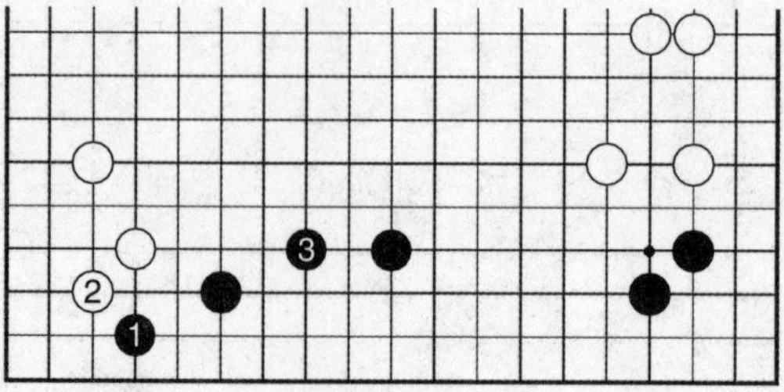

图 2－57－6

图 2－57－6，黑❶飞角后在 3 位飞起，下面 4 子虽然觉得有点重复，但还是扩大了下面模样，全局还比较平衡，是一盘漫长的棋。

图 2－57－1 中黑(55) (57)到左边开辟新的战场，中盘战斗开始。